山东省互联网金融发展报告

（2016）

孙国茂　主编

中国金融出版社

责任编辑：肖丽敏
责任校对：刘　明
责任印制：丁淮宾

图书在版编目（CIP）数据

山东省互联网金融发展报告.2016（Shandongsheng Hulianwang Jinrong Fazhan Baogao.2016）/孙国茂主编.—北京：中国金融出版社，2016.8
　ISBN 978 - 7 - 5049 - 8648 - 1

　Ⅰ.①山…　Ⅱ.①孙…　Ⅲ.①互联网络—应用—金融—研究报告—山东省—2016
Ⅳ.①F832.752

　中国版本图书馆 CIP 数据核字（2016）第 186869 号

出版
发行　　　**中国金融出版社**

社址　北京市丰台区益泽路 2 号
市场开发部　（010）63266347，63805472，63439533（传真）
网 上 书 店　http：//www.chinafph.com
　　　　　　　（010）63286832，63365686（传真）
读者服务部　（010）66070833，62568380
邮编　100071
经销　新华书店
印刷　北京市松源印刷有限公司
尺寸　185 毫米 ×260 毫米
印张　9.75
字数　212 千
版次　2016 年 8 月第 1 版
印次　2016 年 8 月第 1 次印刷
定价　68.00 元
ISBN 978 - 7 - 5049 - 8648 - 1/F.8208
如出现印装错误本社负责调换　联系电话（010）63263947

加快互联网金融发展的同时须加强监管

（代序）

李永健

2015 年 7 月，中国人民银行等十部委联合出台了《关于促进互联网金融健康发展的指导意见》，提出：支持互联网企业依法合规设立互联网支付机构、网络借贷平台、股权众筹融资平台、网络金融产品销售平台，建立服务实体经济的多层次金融服务体系，更好地满足中小微企业和个人投融资需求，进一步拓展普惠金融的广度和深度。这是我国政府首次明确支持发展互联网金融，并界定了互联网金融的几种业务模式。2015 年 12 月，国务院出台了《推进普惠金融发展规划（2016—2020 年)》，再次提出，积极鼓励网络支付机构服务电子商务发展，为社会提供小额、快捷、便民支付服务，提升支付效率。发挥网络借贷平台融资便捷、对象广泛的特点，引导其缓解小微企业、农户和各类低收入人群的融资难问题。发挥股权众筹融资平台对"大众创业、万众创新"的支持作用。发挥网络金融产品销售平台门槛低、变现快的特点，满足各消费群体多层次的投资理财需求。2016 年初，以中国人民银行牵头的中国互联网金融协会正式获民政部批准成立，并召开了第一届常务理事会第一次会议，审议通过了《中国互联网金融协会自律惩戒管理办法》，这意味着互联网金融行业自律性监管开始出现，也标志着行业发展进入了一个新的阶段。

近年来，随着互联网和信息技术的普及应用，各种各样的新型金融组织和金融机构如雨后春笋般出现，互联网金融在几乎没有监管的情况下，迅猛发展。据统计，目前国内拥有中国人民银行发放支付牌照的第三方支付机构共 270 家，可统计的 P2P 平台公司达 4000 家，各类众筹平台数百家。第三方理财机构、民间借贷机构，以及以担保、典当和租赁等名义从事借贷业务的各种机构不计其数。这些从事互联网金融、民间金融的机构之所以能够长期游离于金融监管之外，主要原因就是原有的"一行三会"监管模式无法覆盖互联网金融这类机构的活动。正因为如此，一些互联网金融机构甚至从事自融和非法融资活动，诈骗、跑路事件层出不穷，给人民群众的生活和财产造成极大损失。2015年7月，昆明泛亚有色金属交易所由于投资人集中赎回资金，导致资金链条断裂，昆明泛亚非法集资事件爆发，该案涉案资金高达430亿元，涉及全国20多个省市的23万人；2015年9月，深圳金赛银基金案爆发，涉案资金60亿元，这家号称注册资本50亿元、管理基金规模100多亿元的公司，所募集的资金涉嫌被挪用；2015年12月，"e租宝"案件爆发。"e租宝"是境外注册的钰诚国际控股集团在国内运营的网络平台，相关犯罪嫌疑人以高利息为诱饵，虚构融资租赁项目，采用借新还旧和自我担保等欺诈方式大量吸收公众资金，累计交易金额达到700多亿元，吸收资金500多亿元，涉及投资人约90万人。进入2016年后，又发生了快鹿集团案、中晋资产案等多家类金融机构跑路事件。其中，中晋资产董事长徐勤被刑拘后承认，他们从事的业务其实就是典型的"庞氏骗局"。针对这些令人触目惊心的非法金融活动，原有法律却无能为力，因为《商业银行法》、《证券法》、《保险法》和《信托法》等法律法规主要只针对商业银行和证券公司、保险公司和信托公司等正规金融机构，规范正规金融机构的经营活动。

自"金改22条"出台后，山东省金融改革步伐不断加快。包括互联网金融在内的各类地方性金融组织和新兴金融业态，如小额贷款公司、融资性担保公司以及民间融资机构等发展迅猛，有效缓解了实体经济特别是"三农"和小微企业的融资困难，但也普遍存在经营不规范、监管缺失等问题。据统计，截至2015年12月，在全国1300家问题P2P平台中，山东省就有257家，约占全国问题P2P平台的20%。2016年初，郭树清省长在《政府工作报告》中提出："加强地方金融监管体系建设，加大对非法集资、网络诈骗等违法行为清理打击力度，坚决守住不发生系统性区域性风险底线。"这意味着，对于地方金融来说，包括互联网金融在内的所有金融活动都应当纳入监管。

事实上，早在2013年，山东省政府就已经出台了《关于健全地方金融监管体制的意见》，并成立了"山东省维护金融稳定工作领导小组"——这标志着山东省地方金融监管体制改革的正式启动。2015年，山东省又制定了《山东省地方金融条例》（以下简称《条例》）并向社会征求意见，2016年3

月，山东省十二届人大常委会第二十次会议表决通过了《条例》。这部地方性金融法规的出台是山东金融发展史上的一件大事，弥补了目前金融监管上的一些缺失，对于促进山东省金融业健康发展，提高金融防控能力，特别是对于地方金融监管标准化和规范化建设具有十分重要的意义。根据《条例》规定，地方金融组织是指依法设立，从事相关地方金融活动的小额贷款公司、融资担保公司、民间融资机构、开展权益类交易和介于现货与期货之间的大宗商品交易场所、开展信用互助的农民专业合作社和私募投资管理机构等，这就是说，"一行三局"监管之外的地方金融组织都纳入监管的范围。很显然，互联网金融不应例外，必须纳入地方金融监管。

对地方金融组织和金融活动监管的目的是为了保护金融消费者和投资者的权益，促进金融支持实体经济发展。《条例》出台后将从根本上规范互联网金融机构，使互联网金融机构的经营活动回归金融的本质。从这个意义上说，《条例》的出台将促进山东省互联网金融业的发展，也必将使山东省互联网金融迎来一个全新的发展时期。

2016 年 7 月于济南大明湖畔

目　　录

第1章 中国互联网金融发展现状

2015 年 3 月，李克强总理在《政府工作报告》中提出："制定'互联网 + '行动计划，推动移动互联网、云计算、大数据、物联网等与现代制造业结合，促进电子商务、工业互联网和互联网金融健康发展，引导互联网企业拓展国际市场。"这是自 2014 年《政府工作报告》后，互联网金融再得到最高决策层的关注。这不仅说明互联金融对我国金融发展和金融改革的重要性，而且也为互联网金融行业的发展指明了方向。综观 2015 年中国互联网金融发展运行状况，可以发现不管是平台的数量、平台的交易规模、产品的创新品种、涉及的金融服务范围，还是政策监管都取得了重大进展，互联网金融在当今经济社会发展进程中的影响和作用逐步加强。在互联网金融快速发展的压力之下，传统金融机构也开始积极地进行全面的改革，广泛运用互联网金融为客户提供服务。

1.1 中国互联网金融制度环境

相比前两年的自由发展和爆发式增长，2015 年是中国互联网金融规范的起点。从长远发展的角度看，2015 年对于互联网金融来说显得意义尤为突出，互联网金融已经成为年度政策热词。据统计，2015 年国务院和中央部委出与互联网金融相关的文件达 15 次之多。2015 年是"十二五"规划的收官之年，但业界却将 2015 年视为互联网金融监管元年。从近几年《政府工作报告》关于互联网金融的论述中，也可以对互联网金融制度环境有一个概括性的了解。具体来说，2014 年《政府工作报告》首次将 P2P 网络借贷作为"两会"提案，报告明确指出，要促进互联网金融健康发展，让金融成为一池活水，更好地为"三农"、中低收入群体及中小微企业服务。2015 年，普惠金融概念首次被写入《政府工作报告》，互联网金融被提升到新的高度。《政府工作报告》提出，推进金融改革进程必须要围绕着服务实体经济而展开，大力发展普惠金融。2015 年"两会"之后，"互联网 +"、"大众创业、万众创新"不仅成为年度热词，也被社会公众所熟知和关注。为了深入了解互联网金融的有关法律法规，把握互联网金融的制度环境，我们对 2010 年以后与互联网金融相关的法律做了系统的整理。

1.1.1 互联网金融相关法律法规

除了已有的法律法规及金融监管制度和政策外，我国针对新型金融业态的监管规定是从 2010 年中国人民银行出台《非金融机构支付服务管理办法》对第三方支付机构的监管开始的。业内一般认为，对第三方支付业务发展的监管是我国互联网金融行业发展标志性事件。2010 年至今，与互联网金融有关的各项法律法规和各项监管政策有几十项之多，互联网金融监管正逐渐步入正轨。

——2010 年 9 月，中国人民银行发布《非金融机构支付服务管理办法》（中国人民银行令〔2010〕第 2 号）。

——2010 年 12 月，中国人民银行发布《非金融机构支付服务管理办法实施细则》（中国人民银行公告〔2010〕第 17 号）。

——2011 年 6 月，中国人民银行发布《非金融机构支付服务业务系统检测认证管理规定》（中国人民银行公告〔2011〕第 14 号）。

——2011 年 9 月，中国银监会办公厅发布《关于人人贷有关风险提示的通知》（银监办发〔2011〕254 号）。

——2012 年 1 月，中国人民银行发布《支付机构互联网支付业务管理办法（征求意见稿）》。

——2012 年 3 月，中国人民银行关于印发《支付机构反洗钱和反恐怖融资管理办法》的通知（中国人民银行令〔2012〕第 54 号）。

——2012 年 9 月，中国人民银行发布《支付机构预付卡业务管理办法》（中国人民银行公告〔2012〕第 12 号）。

——2013 年 3 月，中国人民银行下属的中国支付清算协会关于印发《支付机构互联网支付业务风险防范指引》的通知（中支协网络支付发〔2013〕第 2 号）。

——2013 年 6 月，中国人民银行发布《支付机构客户备付金存管办法》（中国人民银行公告〔2013〕第 6 号）。

——2013 年 7 月，中国人民银行发布《银行卡收单业务管理办法》（中国人民银行公告〔2013〕第 9 号）。

——2014 年 3 月，中国人民银行发布《支付机构网络支付业务管理办法（征求意见稿）》。

——2014 年 4 月，中国银监会、中国人民银行发布《关于加强商业银行与第三方支付机构合作业务管理的通知》（银监办发〔2014〕10 号）。

——2014 年 4 月，中国保监会发布《关于规范人身保险公司经营互联网保险有关问题的通知（征求意见稿）》。

——2014 年 12 月，中国证券业协会发布《私募股权众筹融资管理办法（试行）（征求意见稿）》及起草说明（中证协发〔2014〕第 236 号）。

——2015 年 3 月，国务院发布《关于发展众创空间推进大众创新创业的指导意见》（国办发〔2015〕9 号）。

——2015 年 6 月，国务院发布《关于大力推进大众创业万众创新若干政策措施的意见》（国办发〔2015〕32 号）。

——2015 年 7 月，国务院发布《关于积极推进"互联网＋"行动的指导意见》（国办发〔2015〕第 40 号）。《关于积极推进"互联网＋"行动的指导意见》是党中央、国务院在深刻认识和准确把握互联网发展规律的基础上，立足国情、统筹全局、高屋建瓴，对互联网与经济社会融合发展做出的重大战略部署和顶层设计，具有划时代的重大意义和深远影响。

——2015 年 7 月，中国人民银行、工业和信息化部、公安部、财政部、国家工商行政管理总局、国务院法制办、银监会、证监会、保监会、国家互联网信息办公室发布《关于促进互联网金融健康发展的指导意见》（中国人民银行令〔2015〕第 221 号）。该意见不仅正式承认了 P2P 的合法地位，也明确了 P2P 的信息中介性质，并以"鼓励创新、防范风险、趋利避害、健康发展"为总的要求，明确了包括股权众筹融资、P2P 网络借贷、互联网支付在内的多种互联网金融业态的职责边界。

——2015 年 7 月，中国人民银行发布《非银行支付机构网络支付业务管理办法（征求意见稿）》。

——2015 年 10 月，中国保监会发布《互联网保险业务监管暂行办法》（保监发〔2015〕69 号）。

——2015 年 12 月，中国银监会发布《网络借贷信息中介机构业务活动管理暂行办法（征求意见稿）》。提出所有网贷机构均应在领取营业执照后向注册地金融监管部门备案登记、网贷信息中介机构应当履行多种义务，不得从事或接受委托从事部分活动，"负面清单"明确了网贷平台明令禁止的 12 条行为，主要包括不得自融、不得设立资金池、不得提供担保、不得期限错配、不得混业经营、不得造假欺诈等。

——2015 年 12 月，中国人民银行发布《非银行支付机构网络支付业务管理办法》（中国人民银行公告〔2015〕第 43 号）。该管理办法指出：支付机构不得为金融机构，以及从事信贷、融资、理财、担保、信托、货币兑换等金融业务的其他机构开立支付账户。对于第三方支付机构来说，虽然不能继续为网络借贷等互联网金融企业开立支付账户，但仍可为其提供支付通道服务，把业务重点放到提供支付通道服务上，将付款人的款项划转至网络借贷等企业的银行结算账户。

回顾国家出台的有关互联网金融的各项政策、措施，不难发现，这些相关政策呈现两个特点：一是政府对互联网金融一直持积极态度，"鼓励"、"促进"等字眼几乎出现在每一项政策中。二是随着时间的推移，政府对规范行业发展的要求愈加明确。密集出台的政策也释放出两个明显的信号：一是在"互联网＋"与"大众创业、万众创新"的大政策下，政府鼓励互联网金融行业发展。二是政府将对互联网金融行业加强监管，规范行业发展。

1.1.2　"十部委意见"解读

作为新生事物，互联网金融既需要市场驱动，鼓励创新，也需要政策助力，促进健康发展。近几年，我国互联网金融发展迅速，但也暴露出了一些问题和风险隐患。党中央、国务院对互联网金融行业的健康发展非常重视，对出台支持发展、完善监管的政策措施提出了明确要求。在已经出台各项政策和法规中，最具影响力的是2015年7月颁布的《关于促进互联网金融健康发展的指导意见》（以下简称"十部委意见"）。"十部委意见"由中国人民银行牵头，会同有关部委起草、制定，已经成为互联网金融行业的基本政策。本报告将对该指导意见做全面解读（"十部委意见"全文详见本报告附件部分）。

"十部委意见"明确了互联网金融的定义，主体是金融机构和互联网企业，功能是提供资金融通、支付、投资和信息中介服务。互联网金融是传统金融机构与互联网企业利用互联网技术和信息通信技术实现资金融通、支付、投资和信息中介服务的新型金融业务模式。互联网金融的主要业态包括互联网支付、网络借贷、股权众筹融资、互联网基金销售、互联网保险、互联网信托和互联网消费金融等。

"十部委意见"按照"鼓励创新、防范风险、趋利避害、健康发展"的总体要求，提出了一系列鼓励创新、支持互联网金融稳步发展的政策措施，积极鼓励互联网金融平台、产品和服务创新，鼓励从业机构相互合作，拓宽从业机构融资渠道，坚持简政放权和落实、完善财税政策，推动信用基础设施建设和配套服务体系建设。

"十部委意见"按照"依法监管、适度监管、分类监管、协同监管、创新监管"的原则，确立了互联网支付、网络借贷、股权众筹融资、互联网基金销售、互联网保险、互联网信托和互联网消费金融等互联网金融主要业态的监管职责分工，落实了监管责任，明确了业务边界。人民银行负责互联网支付业务的监督管理；银监会负责包括个体网络借贷和网络小额贷款在内的网络借贷以及互联网信托和互联网消费金融的监督管理；证监会负责股权众筹融资和互联网基金销售的监督管理；保监会负责互联网保险的监督管理。

"十部委意见"坚持以市场为导向发展互联网金融，遵循服务好实体经济、服从宏观调控和维护金融稳定的总体目标，切实保障消费者合法权益，维护公平竞争的市场秩序，在互联网行业管理，客户资金第三方存管制度，信息披露、风险提示和合格投资者制度，消费者权益保护，网络与信息安全，反洗钱和防范金融犯罪，加强互联网金融行业自律以及监管协调与数据统计监测等方面提出了具体要求。

"十部委意见"中明确鼓励银行为第三方支付机构和网络贷款平台等提供资金存管、支付清算等配套服务。银行业金融机构和第三方支付机构从事互联网支付，应遵守现行法律法规和监管规定。第三方支付机构与其他机构开展合作的，应清晰界定各方的权利义务关系，建立有效的风险隔离机制和客户权益保障机制。要向客户充分披露服务信息，清晰地提示业务风险，不得夸大支付服务中介的性质和职能。

"十部委意见"确认了P2P网络借贷的性质，明确该类借贷行为受到《合同法》、《民法通则》等法律法规以及最高人民法院相关司法解释规范，这与之前业界对P2P网络借贷的法律分析是一致的，即基于民间借贷的框架。个体网络借贷机构定位是信息中介，不是信用中介，意味着个体网络借贷机构只能做交易的撮合，不能触碰投资者的资金，更不能以自身信用吸收或者变相吸收存款，然后再发放贷款。

"十部委意见"以明确的形式对股权众筹融资给予法律定位和支持，是金融管理体系的重大内容调整，这也是真正股权众筹的创新所在。从某种意义上讲，股权众筹的破冰应该是互联网金融领域最大的管理开放。"互联网＋"金融所要实现的主要目的就是融资主体的融资需求得到便捷、低成本、高效率的满足，P2P满足了债权融资的平台支持，而股权众筹实现了股权融资的平台开放。由此可见，与股权众筹的定义和门槛不同，"十部委意见"对国内股权众筹定义为多层次资本市场有机组成部分的作用，服务创新企业。

1.2　第三方支付模式发展现状

2010 年 9 月，中国人民银行发布了《非金融机构支付服务管理办法》，开始加强对第三方支付机构的管理，该管理办法中要求第三方支付平台须获得支付业务许可证，即目前市场上称为"第三方支付牌照"的许可证，这样才具备第三方支付的条件，才能合法地让消费者使用自己的平台。

截至 2015 年底，中国人民银行共发放了 270 张第三方支付机构许可证。第一批许可证的发放在 2011 年 5 月 18 日，支付宝、银联商务、财付通、快钱、拉卡拉等 27 家公司获得了首批牌照；第二批许可证发放的时间为 2011 年 8 月 2 日，得仕卡、畅购卡等 13 家企业如约获批；第三批许可证的发放时间分别在 2013 年 1 月 6 日和 2013 年 6 月 27 日，发放数量分别是 26 家和 95 家；第四批许可证发放的时间为 2014 年 7 月 15 日，共 19 家企业获批，包括链家地产旗下子公司北京理房通支付科技有限公司、安邦保险控股公司北京帮付宝网络科技有限公司等。在过去的四年里，共有 270 家企业获得许可。2015 年 8 月 28 日，浙江易士企业管理服务有限公司的第三方支付许可证被取消，成为首家被注销许可证的第三方支付机构。

根据中国产业信息网的数据可知，2009 年以来，第三方支付市场的交易规模保持了 50% 以上的年均增速，并在 2013 年成功突破 17 万亿元，达到 17.2 万亿元，同比增长 38.71%；2014 年交易规模达到 23.3 万亿元；2015 年交易规模达到 31.2 万亿元，如图 1－1 所示。

按照第三方支付的业务划分，国内目前第三方支付平台主要可以分为四种类型：一是平台依托型。此类第三方支付平台拥有成熟的电商平台和庞大的用户基础，通过与各大银行、通信服务商等合作，搭建"网上线下"全覆盖的支付渠道，在牢牢把握支付终端的基础上，经过整合、包装传统金融机构的产品和服务，从中赚取手续费和息差，并进一步推广其他增值金融服务。代表企业包括阿里巴巴集团旗下的支付宝、腾讯集团旗下的财付通、盛大集团下的盛付通。二是行业应用型。此类第三方支付平台面向企业用户，通过深度行业挖掘，为供应链上下游提供包括金融服务、营销推广、行业解决方案等一揽子服务，获取服务费、信贷滞纳金等收入。代表企业包括汇付天下、快钱和易宝。三是银行卡收单型。此类第三方支付平台在发展初期通过电子账单处理平台和银联POS 终端为线上商户提供账单号收款等服务，获得支付牌照后转为银行卡收单盈利模式。拉卡拉是其中较为成功的典型。四是预付卡型。此卡第三方支付平台通过发行面向

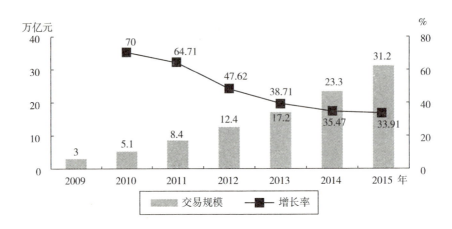

数据来源：中国产业信息网，公司金融研究中心。

图1-1　第三方支付市场交易规模（2009—2015年）

企业或者个人的预付卡，向购买人收取手续费，与银行产品形式替代，挤占银行用户资源。代表企业包括资和信、商服通、百联集团等。

表1-1　　　　　　　　　　　　第三方支付平台类型

平台类型	商业模式	典型平台
平台依托型	凭借成熟的电商平台和庞大的用户基础，搭建覆盖线上线下的支付渠道	支付宝、财付通、盛付通
行业应用型	通过深度行业挖掘，为供应链上下游企业客户提供包括金融服务、营销推广、行业解决方案等一揽子服务	汇付天下、快钱、易宝
银行卡收单型	铺设线下网点和个人终端，通过银行卡收单模式盈利	拉卡拉
预付卡型	发行面向企业或个人的预付卡，向购买人收取手续费	资和信、商服通、百联集团

资料来源：杨燕青，肖顺喜. 中国金融风险与稳定报告（2016）——改革与风险的平衡［R］. 北京：中国金融出版社，2016，3.

　　行业整体格局发生变化，第三方支付机构竞争持续升级。随着移动互联网的快速发展，使各支付公司都积极布局移动端，2015年支付宝用户移动端支付占比已超过半数，达到65%，PC端的用户黏性不断下降，互联网交易规模增速有所放缓，与2014年相比，2015年支付宝市场份额降至47.5%；2015年财付通金融战略升级，构建开放合作平台，依托微信和QQ社交工具，拓展支付场景，将移动支付与互联网支付相结合，为用户进行全方位的支付理财服务，并取得了较好业绩，2015年市场份额占20%；京东拥有以支付为基础的七大业务线，结合自身电商优势，加快互联网金融的布局，拓展京东金融版图，2015年京东支付市场份额占2.0%，未来将更具发展潜力；2015年P2P行业面临行业监管和规范化发展，但整体交易规模仍呈现出较快增长，汇付天下、易宝支付及宝付因此获得较快增长；作为电商巨头之一的苏宁电器，也在积极拓展金融板块，易付宝作为其底层支付，获得了较快的发展，2015年市场份额占1.2%，各机构的市场份额占比如图1-2所示。

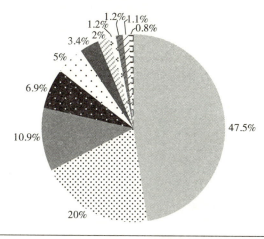

数据来源：艾瑞咨询，公司金融研究中心。

图1-2　各机构的市场份额占比

网购占比逐渐下降，基金占比整体呈上升趋势。由艾瑞咨询相关数据可知，2015年第四季度，第三方互联网支付交易规模结构中，网络购物占比23.2%，基金占比19.8%，航空旅行占比8.7%，电信缴费占比3.5%，电商B2B占比5.3%，网络游戏占比2.0%。从2014年第四季度至2015年第四季度第三方互联网支付交易规模结构可得，网络购物交易规模占比逐渐减少，这是因为随着移动网购的快速发展，用户习惯逐渐向移动端转移，PC端网购支付的增速逐渐放缓，占比逐渐下降；基金占比虽有波动，但整体上还是呈现出上升趋势，主要原因是余额类货币基金的申购额不断扩大，用户互联网理财行为习惯不断养成，PC端为大额理财的主要申购渠道，因此基金交易规模占比整体呈现出上升趋势。第三方支付交易规模结构变化如图1-3所示。

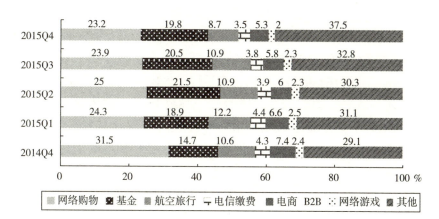

数据来源：艾瑞咨询，公司金融研究中心。

图1-3　第三方支付交易规模结构变化

从第三方支付平台地区分布看，数量最多的是北京市，获得牌照的企业达到了 57 家，占比为 21.11%；其次是上海市，数量为 54 家，占比为 20.00%，所有省市中获得牌照的企业数量超过 10 家的还包括广东省、浙江省、江苏省和山东省，分别为 32 家、16 家、16 家和 12 家。第三方支付牌照企业按区域分布如图 1-4 所示。

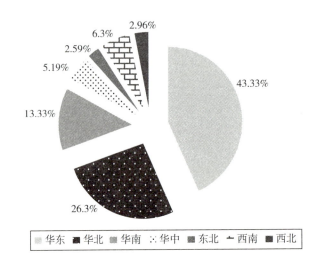

数据来源：中国产业信息网，公司金融研究中心。

图 1-4　第三方支付牌照企业按区域分布

1.3　P2P 网络借贷模式发展现状

2015 年是 P2P 迅速发展的一年，也是问题平台频繁出现的一年。综观 2015 年全国 P2P 的发展，有以下几个特点：一是网贷平台迅速扩张，数量急剧增加；二是平台发展和分布地域不平衡；三是网贷平台的成交量稳步上升，突破万亿元；四是问题平台增多，平台监管加强。本节关于 P2P 网络借贷的相关数据均来自网贷之家。

截至 2015 年底，全国 P2P 网贷行业除港澳台地区外，共有 3858 家 P2P 网络借贷平台，其中正常运营平台共计 2595 家，环比 2014 年大幅飙升 64.76%，问题平台 1263 家，环比上升 44.14%。值得注意的是，年内正常运行平台数量高点出现在 11 月的 2612 家，但是因 12 月新增问题平台大幅超过新上线平台，导致 12 月正常运营平台总量出现负增长，这种现象在行业历史上都是史无前例的。而行业累计平台总量达到 3858 家（含问题平台），继续创出新高。2595 家正常运营平台广泛分布于全国 30 个省市，其中广东依旧牢牢占据榜首位置，山东位居第二，北京以微弱优势超过浙江位居第三，上海位居第五。其中广东、山东和北京三省市分别有 476 家、329 家和 302 家平台正常运营，占全国比重分别为 18.34%、12.68% 和 11.64%，五省合计占比已经超过六成。2014 年与 2015 年 P2P 网络借贷平台数量对比如图 1-5 所示。

2015 年全年新增上线平台 1916 家，平均每月新上线 160 家，其中 8 月上线 228 家为

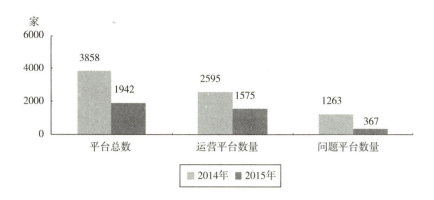

数据来源：网贷之家，公司金融研究中心。

图1-5　P2P网络借贷平台数量变化（2014—2015年）

年内最高，2月77家为年内最低，包括12月的89家，全年仅有两个月份新上线平台数未超过百家。而对比前几年的平台数量，尽管增速出现逐年趋缓的态势，但行业运营平台总量依然呈快速增长势头。各月份P2P网络借贷平台数量变化趋势如图1-6所示。

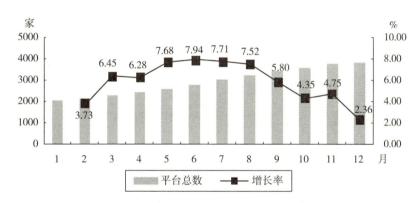

数据来源：网贷之家，公司金融研究中心。

图1-6　P2P网络借贷平台数量增长趋势（2015年）

从问题平台的数量来看，2015年全年新增问题平台896家，从问题平台的地域分布看，仅西藏自治区为一片净土，山东省则是重灾区。其中6月新增125家为年内最高，10月新增47家为年内最低，包括6月、7月和12月，全年有3个月份新增问题平台数超过百家，各月的新增问题平台数量变化如图1-7所示。全年平均每月新增75家问题平台。

从问题平台爆发的地区分布来看，山东、广东和浙江高居前三位，山东出现多达192家问题平台，广东问题平台为151家，山东、广东两省也是爆出问题平台过百家的地区，浙江、上海、北京则紧随其后。从问题平台数量上看，山东地区最为严重，2015年，山东大多数月份居问题平台首位，行业占比高达20.94%。

近几年来，P2P行业快速发展还体现在成交量上。统计显示，P2P历史累计成交额达1.36万亿元，其中2015年贡献超七成。截至2015年12月，全年P2P网贷行业成交

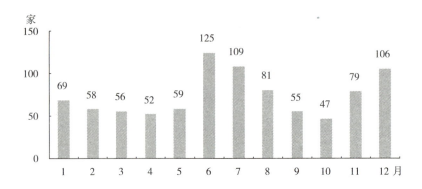

数据来源：网贷之家，公司金融研究中心。

图 1-7 P2P 网络借贷新增问题平台数量变化（2015 年）

额达 9823.05 亿元，相比 2014 年 2528 亿元的网贷成交量，全年增长了 288.57%。2015年 10 月，网贷历史累计成交量首次突破万亿元大关，截至 2015 年 12 月，历史累计成交量已经达到了 13652 亿元。按目前增长态势，预计 2016 年全年网贷成交量或超过 3 万亿元。

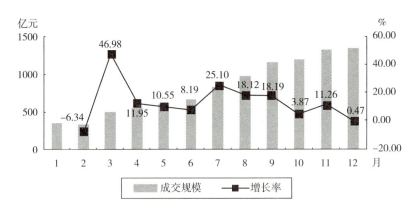

数据来源：网贷之家，公司金融研究中心。

图 1-8 P2P 网络借贷各月成交规模（2015 年）

随着网贷成交量稳步上升，P2P 网贷行业贷款余额也随之同步走高。截至 2015 年12 月，网贷行业总体贷款余额已经达到了 4394.61 亿元，而 2014 年底总体贷款余额为1036 亿元，增长幅度为 324%。这组数据表明网贷行业吸引了大量的投资者进入，网贷行业正在飞速地发展。按目前增长态势，预计 2016 年底网贷行业贷款余额或超过 1.5 万亿元。

P2P 网络借贷行业不同于第三方支付，激增的平台数量使得每个平台所占的市场份额都很小。从贷款余额来看，市场份额最高的网贷平台占比也不足 10%，平均占比更是不足 0.04%，行业内企业分布非常稀疏，此外，从平台的经营模式来看，国内的 P2P 平台发生了严重的分化。除了拍拍贷等少数公司基本参照国外主流 P2P 网络借贷平台的发展模式外，大部分 P2P 网络借贷平台则是采用有担保的线上模式以及线下模式。国外的平台大多从网上直接获取借款人和投资人，直接对借贷双方进行撮合，不承担过多的中间业务，模式比较简单。而国内的 P2P 网络借贷平台则对借贷的各个环节予以细化，形成了多种多样的"P2P 网络借贷平台模式"。由表 1－2 可以发现，我国 P2P 网络借贷行业对 P2P 主要业务环节进行了大量细分和差异化，这些环节类型的组合可以产生上百种业务模式。

表 1－2　　　　　　　　　我国 P2P 网络借贷平台业务模式梳理

参与方			内容	特点
借款端	获客途径	线上	直接通过网络推广、电话营销等非地面方式寻找借款人，对借款人的征信和审核也大都在线上完成	获客成本相对较低，业务推广能力经常受限，对信贷技术要求高，在积累一定经验后，发展潜力较高
		线下	通过线下门店、地面销售人员寻找借款人	获客成本高，但只要投入足够的资金，业务推广能力较强
		混合	同时拥有线上获客渠道和线下获客渠道	既可快速推广业务，又可以积累数据审贷经验，管理复杂度高，对平台经营者的要求较高
		第三方	平台自身不直接开发借款人，而是通过第三方合作机构（小贷公司、担保公司）进行	平台与合作机构分工明确，有利于发挥各自的优势，但业务流程的割裂增加了合作双方的道德风险
	借款人类型	普通个人	借款额小，一般在 10 万元以下，多为信用借款，平台主要审查其个人信用和违约代价	由于金额小，客户开发成本和审贷成本都相对较高
		小型工商户	借款额稍大，从几万元到十几万元，平台同时审查其个人信用和商铺经营情况	优缺点比较均衡，形成 P2P 网络借贷的中坚力量
		中小企业主	借款额较大，从几十万元到上千万元，甚至更高，平台主要考察其企业经营情况	要求平台有较强的信用评估和风险控制能力，由于单笔借款额较大，投资标的少，投资者的风险不易分散
平台	撮合方式	直接撮合	借贷双方直接进行需求匹配	借款人的需求信心在平台上进行公开展示，与投资人的需求直接匹配，撮合成本较低
		债券转让	专业放款人先以自有资金放贷，然后把债券转让给投资人	多用于线下平台，可充分发挥专业放款人的能力优势和灵活性，加快放款速度
	产品类型	信用贷款	额度低，无须借款人提供任何抵押物，办理比较方便	速度快、风险高、利率高
		抵押贷款	需要借款人提供一定的抵押物（多为房产和汽车）	多了抵押环节，额度较高，速度一般，风险较低，利率较低
		担保贷款	需要借款人寻找愿意为其提供担保的担保机构	多了担保环节，额度较高，借款人需要承担担保费用

续表

参与方			内容	特点
平台	保障机制	风险保障金	由平台从每笔交易中提出一定比例的费用作为风险保障金，一般也匹配平台的部分自由资金，以风险保障金的总额为限，对投资者进行有条件地保障	投资者可获得的保障范围较为明确，但应注意风险保障金账号的真实性和透明性
		平台担保	平台承诺以自有资金对投资者因借款人违约造成的损失进行金额本金或本息赔付	平台深度介入风险经营，实际上从事担保业务
		第三方担保	由担保公司或具备担保资质的小贷公司对借款进行全额担保	风险由平台转移至担保公司或小贷公司，对其担保资质、资金杠杆的审查极为重要
投资端	获客途径	线上	直接通过网络推广、电话营销等非地面方式寻找投资人	获客成本较低，但对宣传、策划、推广能力要求较高
		线下	通过线下活动、地面销售人员寻找投资人	获客成本较高，但是指标易量化，易复制，较适用于特定
	投标方式	手动投标	投资人必须手动选择每笔投资标的和每笔投资金额	投资人拥有自主选择权，操作较烦琐，不易抢到优质标的
		自动投标	投资人设定投资总额和投标条件，委托平台自动选择投资标的和每笔投资金额	操作简单，投资人无自主选择权，自动投标算法也可能引发争议
		定期理财	对自动投标设置标准化的份额、期限和利率，投资者可以购买定期理财产品的形式进行自动投标	操作简便，刚性兑付的暗示强，平台若操作不当，易引发有关资金池的争论，也可能给平台进行金额、期限错配留下空间

资料来源：杨燕青，肖顺喜. 中国金融风险与稳定报告（2016）——改革与风险的平衡 [R]. 北京：中国金融出版社，2016，3.

1.4 众筹融资平台发展现状

我国的众筹融资模式起步较晚，国内最早出现的众筹平台可以追溯到2011年成立的"点名时间"。为了全面了解国内众筹融资的发展状况，本节分别从平台数量、融资规模、平台运行情况等几个方面对众筹融资平台进行分析。本节的全部数据均来自盈灿咨询。

截至2015年底，全国共有正常运营众筹平台283家（不含测试上线平台），同比2014年全国正常运营众筹平台数量增长99.30%，是2013年正常运营平台数量的近10倍，如图1-9所示。

2015年，全国众筹行业共成功筹资114.24亿元，历史首次年度破百亿元，同比2014年全国众筹行业成功筹资金额增长429.38%。据可测数据统计，2014年众筹行业成功融资21.58亿元，而在2013年之前，全国众筹行业仅成功筹资3.35亿元。截至2015年12月，全国众筹行业历史累计成功筹资金额近140亿元。

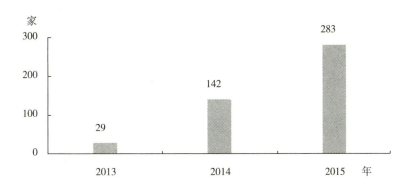

数据来源：盈灿咨询，公司金融研究中心。

图 1 – 9　正常运营众筹融资平台的数量（2013—2015 年）

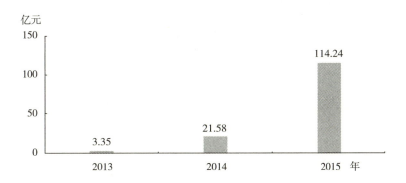

数据来源：盈灿咨询，公司金融研究中心。

图 1 – 10　众筹融资平台成功融资金额（2013—2015 年）

据不完全统计，截至 2015 年底，全国共有正常运营众筹平台 283 家（不含测试上线平台），2015 年全年共有 40 家众筹平台倒闭（平台网站无法打开时间超过 30 天），26 家众筹平台转型，如图 1 – 11 所示。倒闭和转型原因多为平台规模小，资源上无法与巨头平台竞争，且又未及时调整细分方向，做出自身特色业务以及在一系列监管政策出台

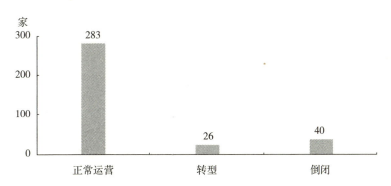

数据来源：盈灿咨询，公司金融研究中心。

图 1 – 11　正常运营、转型与倒闭众筹平台数（2015 年）

后平台产生了迷茫，导致经营难以为继。在转型的众筹平台中，转型后的方向多为P2P网贷、众筹外围服务、创业人培训、社交论坛、团购、电商、彩票、供应商及理财产品导购等。

截至2015年底，全国各种类型的众筹平台中，非公开股权融资平台最多，有130家；其次是奖励众筹平台，有66家；混合众筹平台为79家；公益众筹平台仍然为小众类型，仅有8家，各种众筹平台的数量占比如图1-12所示。

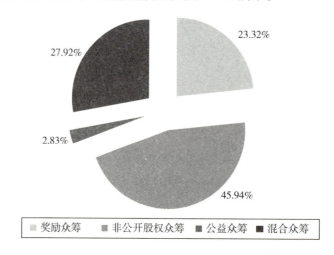

数据来源：盈灿咨询，公司金融研究中心。

图1-12 众筹融资平台类型分布（2015年）

2015年全年，全国众筹行业共新增项目49242个，其中，奖励众筹项目最多，为33932个，占总项目数的68.90%；其次是公益众筹，占比为15.80%，达7778个；非公开股权融资项目数与公益众筹项目数接近，占到总项目数的15.30%，为7532个，如图1-13所示。

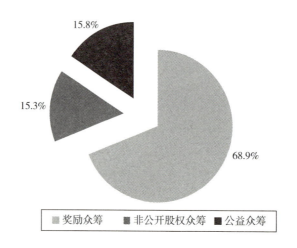

数据来源：盈灿咨询，公司金融研究中心。

图1-13 各种类型众筹项目占比（2015年）

2015年，全国众筹行业共成功筹资114.24亿元，其中，奖励众筹筹资最多，为

56.03 亿元，占筹资额的 49.05%；其次是非公开股权融资，占比为 45.43%，为 51.90 亿元；公益众筹筹资金额最少，仅为 6.31 亿元，占全国总量的 5.52%，如图 1 − 14 所示。

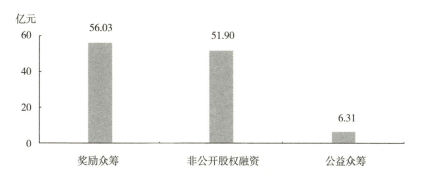

数据来源：盈灿咨询，公司金融研究中心。

图 1 − 14　各种类型众筹成功融资金额（2015 年）

2015 年，全国众筹行业共预期筹资 494.92 亿元，其中，非公开股权融资预期筹资额最多，为 271.19 亿元，占总预期筹资额的 54.79%；其次是奖励众筹预期筹资，占比为 42.24%，达 209.04 亿元；公益众筹预期筹资金额最少，仅为 14.69 亿元，占全国总预期的 2.97%。与三种众筹类型成功筹资金额对比，公益类众筹项目平均完成率最高，达 42.95%；奖励众筹项目平均完成率达 26.80% 排在第二；非公开股权融资项目平均完成率排在最后，仅 19.14%，如图 1 − 15 所示。分析其中原因，公益类众筹与另外两类在项目实际完成率上存在一定的差异，因为公益型众筹不求物质回报，并且公益众筹项目中存在大量的长期捐赠项目，并不存在未达到预期筹资标准。奖励众筹与公益众筹一样，参与门槛均比较低，很多项目起投金额仅为 1 元，并且项目种类较为丰富，能吸引各阶层用户参与。而非公开股权融资类项目对投资人设有一定门槛，部分平台对跟投人

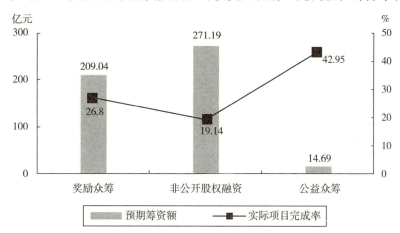

数据来源：盈灿咨询，公司金融研究中心。

图 1 − 15　各种类型众筹预期筹资金额及实际项目完成率（2015 年）

有年收入、职业或职位的高需求，且起投门槛较高，均在万元以上，除此之外，非公开股权融资类项目时间跨度较长，在政策方面仍还没有十分明朗，对投资人来说有一定风险。

截至 2015 年底，全国众筹平台分布在 23 个省市，大多位于经济较为发达的沿海地区，东北、西北和西南诸省众筹平台数分布极少。广东和北京作为众筹行业的开拓地，平台聚集效应十分明显，目前也是全国运营平台数量最多的地方，广东以 74 家平台数位居榜首，北京以 73 家位居其次；上海地区排名第三，浙江排名第四，分别为 43 家和 21 家。广东、北京、上海、浙江和四川五个地区正常运营众筹平台数为全国前五。

2015 年众筹平台成功筹资金额地区分布上，北京、广东和浙江位列前三，成功筹资金额分别达 39.17 亿、21.16 亿元和 16.10 亿元。上海地区排名第四，成功筹资金额达 14.54 亿元；江苏位居第五，达 9.96 亿元，各省份众筹融资规模如图 1-16 所示。上述五个省市成功筹资金额占全国总筹资金额的 88.35%，由于上述五省市经济发展处于全国的领先水平，投资意识较强，并且获得地方政府政策的支持较多，因此，中短期内国内的众筹筹资规模还是由这些省市所决定。而其他 18 个有众筹平台的省市，仅成功筹资 13.31 亿元，地区差异仍十分明显。

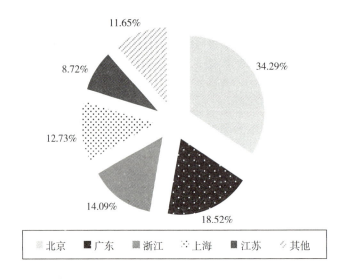

数据来源：盈灿咨询，公司金融研究中心。

图 1-16　全国各省份众筹融资规模占比（2015 年）

1.5　其他互联网金融模式发展现状

1.5.1　供应链金融

供应链金融是为中小型企业制定的一套融资模式，它将资金整合到供应链管理中，以信用度较高的核心企业为中心，以真实存在的贸易为背景。相较于目前我国并不完善的个人信用体系来说，供应链金融具有风险可控的特点。通过把实力雄厚的核心企业的信用注入整个产业链条里，并且对资金流、信息流、物流进行有效地控制，单个企业的不可控风险转变为供应链企业整体的可控风险，并将风险控制在最低。供应链金融作为服务实体经济的有效工具，能够针对小微企业的实际需求定制融资服务，降低小微企业融资门槛，为小微企业提供更加灵活、便捷的融资方式。

在我国经济新常态以及多种经济因素的共同作用下，供应链金融最近几年呈现出快速发展的态势，根据网贷天眼发布的《2016"互联网＋"供应链金融研究报告》显示，预测 2020 年我国供应链金融市场规模将达到 15 万亿元左右。不管是农业、工业还是服务业都有供应链金融的身影，而在各个行业中的供应链金融也具有不同的商业模式，各种供应链金融的商业模式在解决上下游企业资金需求方面发挥着巨大的作用。

一般来说，供应链金融有五大经典模式，其中包括经销商、供应商融资模式，银行物流合作融资模式，交易所仓单融资模式，订单融资封闭受信融资模式，设备制造买方信贷融资模式。随着互联网和大数据的发展，供应链金融的商业模式也出现了新的变化，主要集中在三个方面，一是"互联网＋"供应链金融，二是大数据＋供应链金融，三是 P2P 网络借贷＋供应链金融，在本报告中我们重点分析的也是以上三种商业模式。

（1）"互联网＋"供应链金融

"互联网＋"供应链金融的出现在全国范围内金融服务供给不足和覆盖范围有限的背景之下。鉴于互联网自身的巨大优势，以及"互联网＋"概念的提出，业界对"互联网＋"供应链金融做了初步的探索。这一模式也成为中下游中小微企业解决资金问题卓有成效的方式。具体来说，"互联网＋"供应链金融既可以从资产端也可以从负债端解决金融服务短缺的问题，从而促使社会资金流入实体经济，盘活资金存量，服务实体经济发展。

2015 年也被称为"互联网＋"供应链金融发展元年，自下而上供应链金融和自上而下的"互联网＋"在产业金融这个级别"联姻"。金融机构可以通过上游产业延伸与生产系统集成，向下游产业链延伸与仓储物流及终端管理系统集成，充分实现产融结合，使供应链中各个环节的信息贯穿起来，让供应链金融模式发生颠覆性的变化。通过产融结合，金融机构整合供应链中的信息流和资金流，为生产企业、贸易商和终端用户提供更有效、整体化的供应链金融服务。

2015 年，"互联网＋"供应链金融项目获得风险投资项目达 10 起以上，供应链金融成为新的投资方向。传统概念的 B2B、O2O 发展到一定阶段必须产生金融需求，金融服务成为这类平台的新亮点。以阿里巴巴、京东和苏宁为代表的新兴企业较早涉足供应链金融服务，随着该市场的扩大，越来越多的传统企业重新聚焦"互联网＋"供应链金融，其中，家电巨头海尔布局互联网金融，其中 60% 以上的业务属于供应链金融。

（2）大数据＋供应链金融

大数据＋供应链金融，或者说是大数据在供应链金融商业模式中的运用是基于整个中国征信系统尚不健全，中小微企业的信用等级难以有效评估的背景。从技术角度看，金融效应的价值来自信用的可计算和信用获取的低成本。在"互联网＋"供应链金融的模式中，大数据在风险控制中的运用，无疑成为驱动供应链金融创新发展的关键所在。

从真实世界获取的信息和数据，多数信息是非精确的、模糊的，原因在于信息数据的来源角度多，层面广、形式不同、精确度不同，数据之间存在一定的信息不对称、不一致性，甚至是滞后性。这样就需要金融机构联合授信企业、物流企业、监管机构共同建立信息共享平台，共享中小微企业在融资、结算、财务、物流、单据等方面的隐秘信息，进而依据逻辑规则对融资授信进行更加智能化的风险管理和控制。

在本节，我们对大数据在供应链金融创新的价值总结为以下几点。

第一，对客户和市场需求进行预判。大数据的优势在于从海量的信息中形成人工难以现的有用信息，特别在数据生成量大、生成速度快和信息类型多的情况下，能发现有利于描述变动规律的信息，特别是能够判断出市场的需求方向和需求数量。

第二，资信计算和评估。在大数据时代下，商业银行可以对授信客户的日常生产经营活动中的财务数据、原材料采购、付款信息、生产数据、管理费用、研发投入、工资水平、销售费用、资金周转时间、市场需求等各方面、各层次的各项数据进行整理研究并加以分析判断，通过将相关的数据转化成评判标准，输入已经建立的模式来形成对授信客户量化信用计算。

第三，风险的计算、分析、警示和控制。同样，对海量数据的建模、分析和计算，可获得关于行情、突发事件等异常行为的信号，并提出预警信号。

（3）P2P网络借贷+供应链金融

P2P网络借贷对接供应链金融，属于两种金融方法的优势互补。P2P金融在以通道功能为核心的模式下，风险控制存在天然不足；供应链金融的封闭性导致资金供给的有限性。两者协同发展所形成的"平台＋支付＋供应链金融＋P2P"的商业模式创新，无论运营效率、金融效应等，都全面地改进了传统的供应链体系，势必成为"互联网金融"的新特点。目前，大宗商品市场建立的垂直型电子商务平台，通过撮合交易，且设置"支付场景（O2O）"，平台完整的商流、资金流、第三方信息流物流，成为生态化、平台型商业模式的最好诠释。

资金来源完全突破了传统融资方式的限制，对接P2P的海量资金供应；平台积累的大数据可计算出准确的信用和支持运营管理，部分代替传统模式下的以资产支持为主的担保形式，体现出创新的整体效应。实际运营中，交易空间特征仍然是存在的，这是基于交易仍然需要本地化服务来实现（包括物流）。在产业经营场景下的P2P网络借贷模式可以通过"商业平台＋交易场景＋大数据"，或者"园区平台＋交易场景＋大数据"，或者"区域产业平台＋交易场景＋大数据"，构建起内生且高度可控的风险控制模型，并结合线下交易场景、掌握借款人实际资金需求和资产状况、把控借款人借款实际投向。

P2P网络借贷可以有效地解决传统供应链金融过度依赖金融机构间接融资和自有资金的困境，从理论上解决了制约产业互联网金融发展的资金来源瓶颈问题。可以实现从"10 亿元"级平台向"100 亿元"级平台的跃迁。金融机构可以根据线上供应链金融平台共享客户的采购、销售、物流和财务信息来为客户量身打造融资服务，提高了供应链金融的服务范围。但是，目前我国 P2P 网络借贷的融资成本过高，成为推广 P2P 网络借贷 + 供应链金融的一大障碍。2015 年 P2P 网络借贷收益率为 13% ~ 15% 的项目超过一半，这明显超出了多数实业项目的可承受范围，所以降低平台中的融资利率成为当务之急。

1.5.2　互联网消费金融

所谓互联网消费金融，是以互联网技术为手段，向各阶层消费者提供消费贷款的金融服务，是传统消费金融活动各环节的电子化、网络化、信息化，其本质还是消费金融，但相较于传统消费金融，互联网消费金融大大提升了效率。中国的消费金融公司概念最早出现在 2009 年，当时中国银监会发布《消费金融公司试点管理办法》，此后第二年，北银、锦程、中银和捷信四家消费金融试点公司获批成立，发起人分别为北京银行、成都银行、中国银行和外资 PPF 集团。

完整的互联网消费金融产业链包括上游的资金供给方、消费金融核心圈及下游的催收方或坏账收购方，其中消费金融核心圈又包括消费金融服务提供商、零售商、消费者和征信/评级机构四部分。上游的资金供给方包括消费金融服务商的股东、消费金融服务商的资产受让方、P2P 网贷平台投资人等。消费金融服务提供商包括银行、互联网消费金融公司、大学生消费分期平台、提供消费分期服务的电商平台、P2P 网贷平台等。零售商是广义的零售商，包括各种消费品和服务的经销商。下游的催收方是专业的催收公司，坏账收购方是专门收购坏账的金融机构，如图 1 - 17 所示。

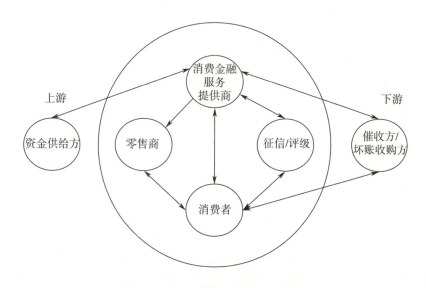

图 1 - 17　互联网消费金融系统组成

关于互联网消费金融的分类。目前，根据针对的人群不同和产品不同，互联网消费金融可以分为以下几类：一是综合性电商消费金融，以电商巨头天猫分期、京东白条等公司或产品为代表；二是3C产品消费金融，以深圳有用分期（美利金融旗下全资子公司）等公司或产品为代表；三是租房消费分期，以斑马王国、楼立方、房司令等公司或产品为代表；四是二手车消费分期市场，以上海力蕴二手车金融（美利金融旗下全资子公司）等公司或产品为代表；五是大学生消费分期市场，以分期乐、趣分期、优分期等公司或产品为代表；六是蓝领消费分期市场，以买单侠、51酷卡（美利金融旗下）等公司或产品为代表；七是装修消费分期市场，以小窝金服、家分期、土巴兔、绿豆家装等公司或产品为代表；八是旅游消费分期市场，以呼哧旅游、首付游、京东旅游等公司或产品为代表；九是教育消费分期市场，以蜡笔分期、学好贷等公司或产品为代表；十是农业消费分期市场，以可牛金融、农分期、领鲜理财等公司或产品为代表。

1.6 互联网金融发展中存在的风险

在互联网金融加快发展进程的同时，风险也不可避免地随之而来，与传统金融相比，互联网金融所面临的风险更加多样。互联网金融的出现虽然形成了与以往截然不同的金融环境，但是本质上依旧是金融这一点没有改变，功能依旧是资金融通、价格发现、支付清算以及风险管理这一点也没有改变。因此，谈及互联网金融的风险问题可以从互联网金融的功能视角和异于传统金融经营模式视角进行分析。

1.6.1 互联网金融的功能性风险

互联网金融在大大优化传统金融效率的同时，并不可能完全规避其原有风险，由于互联网自身的特点，可能会提升某些种类的风险。从信用风险看，相关互联网金融机构从事信用活动极易带来信用风险的外部性。互联网降低了从事金融活动的门槛，相当一部分新进者没有通过相关的资格认定，也缺乏应有的风险管理能力和诚信水平，另外，互联网平台受到的杠杆限制较少，为了获得更高的收益，很多平台在高杠杆比率下经营，这也加剧了信用风险。

从流动性风险来看，部分互联网金融机构进行了流动性或期限转换，易产生流动性风险。如货币市场基金集中、大量提取协议存款，会直接对银行造成流动性冲击。从信息不对称风险来看，一方面，互联网金融理财产品销售过程中存在夸大收益、违规保证收益、风险提示不足等问题，容易产生交易纠纷；另一方面，互联网金融的虚拟性会加重信息不对称，主要体现在身份确定、资金流向、信用评价等方面，甚至会影响大数据分析，导致严重的信息噪声。从法律风险和政策风险来看，互联网金融的创新步伐不断加快，然而现有政策、法律和监管体系并不完善，互联网金融在政策调整和法律完善的过程中将面临日益严重的法律和政策风险，尤其是那些以互联网作为"外衣"的传统金融异化业务。

1.6.2　互联网金融的经营性风险

从信息安全的角度看，互联网金融本身具有内生性风险。由于互联网金融对信息技术依赖性强，在业务过程中容易出现计算机硬件系统、应用系统、安全技术或网络运行问题，在业务过程中容易出现计算机硬件系统、应用系统、安全技术或网络运行问题，导致数据保密性、系统数据保密性、系统和数据完整性、客户身份认证安全性、数据防篡改性以及其他有关计算机系统、数据库、网络安全等风险。当前各个互联网金融机构都不遗余力地通过互联网争夺信息，但是互联网金融的从业人员却不能有效地保护客户的个人信息，甚至有的从业者为了获取不法收益，故意出售客户信息，导致客户的信息泄露事件频发。

另外，互联网金融的长尾市场特征也会带来一定风险。互联网金融使交易可能性边界扩大，使大量不被传统金融覆盖的人群都被纳入服务范围。热衷互联网金融覆盖的人群一般具有以下特征：第一，金融知识相对匮乏、风险识别能力相对欠缺和承担能力相对薄弱，遭受误导、欺诈等不公正待遇的可能性极大；第二，其投资额度小而分散，个体没有足够的精力监督互联网金融机构，而且成本较高；第三，极易出现个体非理性和集体非理性。从涉及人数上衡量，互联网金融风险对社会的负外部性要更大。

1.6.3　互联网金融的法律监管风险

目前国家针对互联网金融的法律体系还不够完善，互联网金融的诸多尝试还不能得到政府的明确认可，存在法律的合规风险。原有的金融相关法规需要进一步补充完善，必要时还要及时出台新的法律规范。在不完善的法律体系下，既无法有效地控制潜在风险，也容易扼杀行业的合理创新，会在一定程度上阻碍互联网金融的发展。

尽管"十部委意见"明确了鼓励发展和规范运营的基本监管导向，但在传递这些原则和信息方面还需要进一步细化，尤其是监管原则与方式需要充分适应市场发展需求，不能隔靴搔痒、监管滞后，要规范行业信息披露标准和外部审计原则。例如，部分 P2P网络借贷平台只关注到眼前的利益，直接介入资金运营，没有定位于信息中介，存在期限错配或者自融现象，忽略了本应关注的风险因素，导致融资项目不能及时偿付，资金链断裂。有些企业则在销售高风险产品时，不清晰告知产品风险，接着以金融创新名义，用高额收益率诱导消费者，这对没有风险识别能力的人群来说，极易造成巨额损失，进而引起社会情绪的强烈波动，如"e 租宝事件"和"泛亚事件"。以"e 租宝"从辉煌走向失败的过程来看，"e 租宝"实际上就是一个由假项目、假三方、假担保构成的庞氏融资骗局。"e 租宝"通过捏造项目信息、买通中间人、自我担保的形式最终使投资人的钱流向自设的资金池，并且在这一过程中通过自己控制的担保公司和保理公司为平台上的融资标的提供增信，这种行为为债权人带来了巨大的风险，俨然成为一种"庞氏骗局"。

另外，为了适应市场需求，互联网金融产品推陈出新、自我迭代速度较快，现有法律法规不能覆盖其经营范畴，新法规的制定也较难跟上创新的脚步，缺乏具有足够统筹效力的综合金融监管框架和协同机制。与此同时，还要看到互联网金融是基于互联网技术发展起来的金融行为，要真正对产品创新形成有效监管，必须依赖于互联网技术。显然，我国在监管技术上还存在一定的差距，不能很好地实时监督"线上"交易行为，尚未能有效保障金融消费者的资金账户安全和个人隐私权益。

第 2 章 2015 年山东金融发展与运行情况

2015 年，面对复杂严峻的宏观经济形势，山东省深入贯彻落实党的十八大、十八届三中、四中、五中全会精神和习近平总书记系列重要讲话精神，统筹稳增长、调结构、促改革、防风险、惠民生各项工作，主动适应和引领新常态，加快推进经济转型升级，积极因素进一步累积，新动能、新优势逐步集聚，全年经济运行稳中有进，稳中提质。金融业运行总体平稳，货币信贷保持合理增长，结构进一步优化；证券业加快发展，保险业服务功能持续增强，金融市场交易活跃，金融发展环境良好，金融服务实体经济的能力进一步提升。

2.1 金融业发展态势良好增速明显

与 2014 年相比，2015 年度山东省经济总量和金融业增加值都有显著上升，其中GDP 总量为 63002.30 亿元和 3139.60 亿元，分别同比增长 6.02% 和 16.60%。金融业占GDP 的比重为 4.98%，与上年相比增加了 0.35 个百分点。截至 2015 年底，地方金融机构改革特别是农信社改革基本完成。同时也组建了很多新的金融机构，小额贷款公司421 家，民间融资机构 485 家，山东也是全国唯一一个新型农村合作金融改革试点。山东省金融业增加值的稳步提升与金融改革的顺利开展和金融创新关系密切。

表 2－1　　　全省金融业增加值与金融业增加值/GDP（2005—2015 年）　　　单位：亿元

年份	GDP	金融业	金融业/GDP（%）	GDP 增长率（%）	金融业增长率（%）
2005	18366.87	448.36	2.44	22.27	30.58
2006	21900.19	524.94	2.40	19.24	17.08
2007	25776.91	734.90	2.85	17.70	40.00
2008	30933.28	880.28	2.85	20.00	19.78
2009	33896.65	1044.90	3.08	9.58	18.70
2010	39169.92	1361.45	3.48	15.56	30.29
2011	45361.85	1640.41	3.62	15.81	20.49
2012	50013.24	1936.11	3.87	10.25	18.03
2013	55230.32	2383.43	4.32	10.43	23.10
2014	59426.59	2692.55	4.53	7.60	12.97
2015	63002.30	3139.60	4.98	6.02	16.60

数据来源：Wind 资讯，中国人民银行济南分行，公司金融研究中心。

　　从表2-1和图2-1可以发现，山东省最近10年的GDP总量和金融业增加值稳步提升，但是金融业增加值占GDP的比重上升速度比较缓慢。2015年金融业占GDP比重的增加幅度明显高于前几年，造成这一结果的原因主要有两个方面：其一是由于山东省经济结构深化调整，经济运行下行压力增大，GDP总量增速降低；其二是由于山东省金融改革不断深入，各种新型金融组织发展迅速，为金融业运行注入了新的活力。

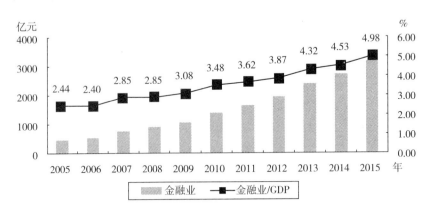

数据来源：Wind资讯，中国人民银行济南分行，公司金融研究中心。

图2-1　全省金融业增长率与金融业增加值/GDP变化（2005—2015年）

　　从图2-2中GDP增长率和金融业增长率的变化趋势可以看出，山东省金融业增长率要高于GDP的增长率，这反映出山东省金融业良好的发展态势，平均来看全省金融业增长率的平均水平为22.51%，超出GDP平均增长率约8.47个百分点。虽然山东省金融业的增长率稳步提升，但是增长总体呈现下降的趋势没有改变。在这一过程中，金融业增长率的波动特性在2015年发生了转变。在以往几年中，山东省金融业增长率的波动周期大致为4年，如果按照这个规律发展，2015年的金融业增长率应该低于上一年的增长率，但是2015年的金融增长率逆势上升，这一现象反映出过去一年山东省金融改革成效明显。根据以往几年的发展经验，每当金融业增长率有较大提升的时候，GDP增长率也

数据来源：Wind资讯，中国人民银行济南分行，公司金融研究中心。

图2-2　全省GDP增长率和金融业增长率（2005—2015年）

会相应地上升。这一规律在 2015 年并未重现，GDP 增长率下降趋势依旧明显，但是与上年相比，增长率的下降幅度有所降低，这反映出山东省金融业服务实体经济的能力开始显现。

通过对比山东和北京、上海、广东、江苏以及浙江 6 个省份的金融业增加值占 GDP 的比重可以发现，2015 年山东省金融业占 GDP 的比重仅为 4.98%，在东部 6 省中排名垫底，分别落后于北京（17.09%）和上海（16.23%）12.11 个百分点和 11.25 个百分点。虽然在 2015 年度山东 GDP 总量排名全国第三，但金融业在整个经济体系中的地位明显不及其他产业。山东金融改革虽然取得了很大进展，但是金融业发展还存在很大的局限，还没有真正成为区域经济的支柱产业。与 GDP 总量全国排名第一和第二的广东和江苏相比，山东金融业占比依然是最小的，尚不足 5%，山东要想实现转型升级、成为经济强省，首先必须加快金融业发展。部分省市金融业增加值占 GDP 比重的数据如图 2-3 所示。

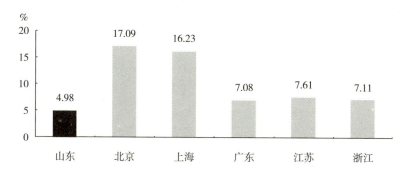

数据来源：Wind 资讯，中国人民银行济南分行，公司金融研究中心。

图 2-3 部分省市金融业/GDP 对比（2015 年）

从金融业发展趋势上来看，在北京、上海、广东、江苏、浙江以及山东 6 个省份中，除浙江的金融业增加值占 GDP 的比重呈现出一种先上升后下降的趋势之外，其余 5 个省份的金融业发展均呈现出一种上升趋势。在以上 6 个省份中，北京的金融业在整个经济体系中的地位一直处于领先地位，而上海的增长趋势更加明显，大有赶超北京的趋势。相比之下，山东省金融业增加值占 GDP 的比重却一直在 6 个省份中排名垫底，增长趋势比较平缓，这一点与金融业同样起步较晚的江苏形成鲜明的对比。从图 2-4 中可以清楚地发现，在 2005 年的时候，山东和江苏的金融业占比基本保持一致，分别为 2.44% 和 2.65%，但是从 2006 年起江苏省的金融业增长速度开始明显加快，与山东省的差距也在逐渐拉开。截至 2015 年底，江苏省金融业占比已经超过广东和浙江，在东部 6 省中排名第三。可以说，江苏省经济实现快速发展，金融业起到了举足轻重的作用，而山东作为排名第三的经济大省，要想进一步提高经济发展水平，不断深化金融改革，提高金融业的比重势在必行。

从表 2-2 中东部各省的金融业增加值占 GDP 比重的平均水平来看，山东金融业占比的平均值仅为 3.40%，分别落后排名第一和第二的北京（13.84%）和上海

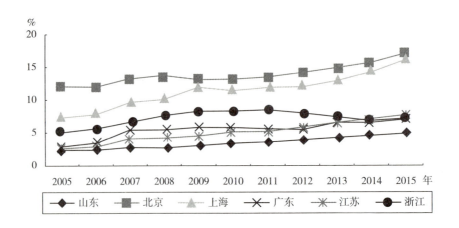

数据来源：Wind 资讯，中国人民银行济南分行，公司金融研究中心。

图 2 - 4 部分省市金融业/GDP 变动对比（2005—2015 年）

（11.15%）10.44 个百分点和 7.75 个百分点，即使是与 6 省中排名倒数第二的江苏（4.86%）相比，依然落后 1.46 个百分点。这一结果与上文分析保持一致，总而言之，不管是从总体水平、平均水平来看，还是从发展趋势上来看，山东省金融业总体上平稳增长，但是发展潜力依然很大，金融业比重依旧有待进一步提高。

表 2 - 2 　　　　　　　部分省市金融业/GDP 数据（2005—2015 年）　　　　单位:%

年份	山东	北京	上海	广东	江苏	浙江	全国
2005	2.44	12.06	7.30	2.93	2.65	5.12	3.99
2006	2.40	12.10	7.81	3.38	3.00	5.77	4.54
2007	2.85	13.23	9.68	5.37	4.05	6.67	5.62
2008	2.85	13.67	10.05	5.36	4.19	7.70	5.73
2009	3.08	13.20	11.99	5.78	4.63	8.26	6.24
2010	3.48	13.20	11.37	5.78	5.08	8.39	6.22
2011	3.62	13.63	11.86	5.48	5.29	8.45	6.27
2012	3.87	14.19	12.14	5.56	5.80	7.97	6.51
2013	4.32	14.86	12.94	6.60	6.63	7.40	6.92
2014	4.53	15.74	14.43	6.56	7.26	6.89	7.25
2015	4.98	17.09	16.23	7.08	7.61	7.11	8.39
平均值	3.40	13.84	11.15	5.28	4.86	7.17	6.04

数据来源：Wind 资讯，中国人民银行济南分行，公司金融研究中心。

过去 10 年东部 6 省市金融业增长率变化趋势如表 2 - 3 所示。江苏、广东和山东三省位列三甲，金融业增长率分别为 27.46%、24.55% 和 21.70%。这一数据一方面可以反映出这三个省份对于发展金融的重视程度，另一方面也反映出金融业对于持续稳定增长的作用愈加突出。如果仅从金融业增长率这一数据，可以进一步说明金融发展迅速的省份经济总量也会相应较大，金融业的快速发展会显著促进经济水平的提升。

表 2 - 3 　　　　　　　 部分省市金融业增长率（2006—2015 年）　　　　　 单位:%

年份	山东	北京	上海	广东	江苏	浙江	全国
2006	17.08	16.92	22.23	35.98	32.67	32.06	13.40
2007	40.00	32.62	46.52	89.47	61.39	38.07	33.23
2008	19.78	16.61	16.97	15.68	23.17	32.12	52.47
2009	18.70	5.56	27.58	15.76	22.99	14.87	20.69
2010	30.29	16.21	8.13	16.44	31.87	22.49	19.03
2011	20.49	18.88	16.73	9.68	23.47	17.35	17.81
2012	18.03	14.51	7.59	8.77	20.63	1.17	19.46
2013	23.10	16.01	15.24	29.98	26.22	1.19	14.70
2014	12.97	14.09	20.42	7.87	19.32	-0.99	17.06
2015	16.60	16.93	19.17	15.84	12.90	10.17	13.29

数据来源：Wind 资讯，中国人民银行济南分行，公司金融研究中心。

东部 6 省市历年的金融业增长率的变化趋势如图 2 - 6 所示。从各个省份的金融业增长率的变化趋势可以看出，各个省份的金融业增长率呈现出一种波动下降的趋势。造成这种情况一方面与全国的金融运行环境和经济形势有关，另一方面也与各个省份的重视程度关系密切。例如，2007 年，伴随着金融市场行情的爆发，新的一轮牛市席卷全国，因此东部各省的金融业在该年度都取得了较大的发展，金融业增长率也达到各个省份近 10 年内的最大值。随后，2008 年美国金融危机爆发，国内的经济形势和金融运行环境受到前所未有的挑战，加之中国资本市场"转牛为熊"市场行情冷淡，金融业发展受到很大的阻碍，因此金融业增长率开始快速下跌。自 2013 年山东省出台《关于加快全省金融改革发展的若干意见》（简称"金改 22 条"）之后，2013 年的金融业增长率就突破了 20%。但是，随着改革的不断深入，改革难度也不断上升，2015 年山东省金融业增长率为 16.60%，在东部各省市中仅次于上海和北京，排名第三。

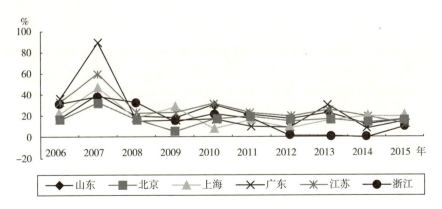

数据来源：Wind 资讯，中国人民银行济南分行，公司金融研究中心。

图 2 - 5 　部分省市金融业增长率（2006—2015 年）

2.2 社会融资结构逐步优化

2015 年，山东货币市场交易活跃，市场利率维持低位，金融市场产品日益丰富，投融资功能进一步发挥。从社会融资规模的总量来看，在山东与北京、上海、广东、江苏及浙江6个省份中，山东社会融资规模总量呈现出下降趋势。截至2015 年底，全省社会融资规模为 7600 亿元，相比 2014 年减少 1692 亿元，同比下降 18.21%，在东部6省市中排名倒数第二，相比 2014 年下降一个名次，排名前三的省市分别为北京、广东和江苏。以北京为例，2015 年全年完成社会融资规模 15369 亿元，约为山东全年社会融资规模的 2 倍。各个省份历年的社会融资规模变化情况如图 2 - 6 所示。

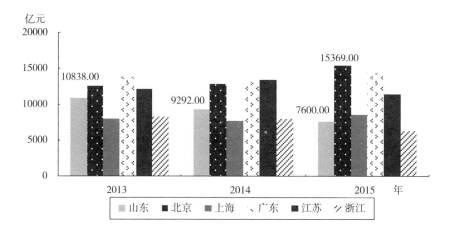

数据来源：Wind 资讯，中国人民银行济南分行，公司金融研究中心。

图 2 - 6　部分省市社会融资规模对照（2013—2015 年）

从社会融资规模的各组成部分的比重来看，如图 2 - 7 所示，贷款和直接融资规模扩大，表外融资占比下降。2015 年，山东省本外币贷款新增额占社会融资规模的 67%，较上年提高 7.7 个百分点。受资本市场体系和机制不完善影响，直接融资占比仍然较低。全年非金融企业直接融资增加 1983.4 亿元，占社会融资规模的 26.1%，较上年提高 6.8 个百分点。其中，债券融资和股票融资分别多增 90 亿元和 97 亿元，银行间市场债券融资占社会融资规模比重上升 5.6 个百分点。委托贷款、信托贷款和未贴现银行承兑汇票等表外业务合计占社会融资规模的 2.1%，下降 15.4 个百分点。金融机构以"同业代付"、"买入返售信托收益权"等方式开展的同业业务大幅收缩，以购买同业金融资产和理财产品为主的同业投资快速增长，同业业务收入成为地方法人银行机构的重要利润增长点。

横向对比东部6省市社会融资规模各组成部分的比重，可以进一步发现，各省社会融资规模构成比例基本保持一致，人民币贷款、企业债券以及委托贷款三种方式呈"三足鼎立"之势。需要指出的是，不管是何种融资方式的融资规模，山东省均排在中下游的水平，这一点难以与全国经济总量排名第三经济大省的地位相匹配。以非金融企业境

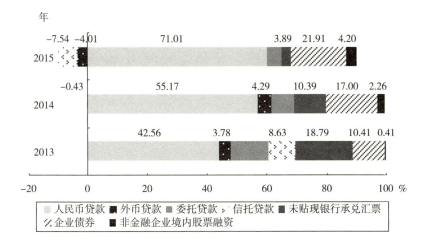

数据来源：Wind 资讯，中国人民银行济南分行，公司金融研究中心。

图 2 - 7　山东社会融资规模各组成部分占比（2013—2015 年）

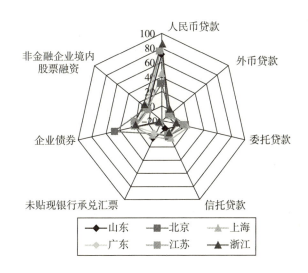

数据来源：Wind 资讯，中国人民银行济南分行，公司金融研究中心。

图 2 - 8　部分省市社会融资规模各组成部分占比（2015 年）

内股票融资规模的比重为例，2015 年全省非金融企业境内股票融资规模的比重仅为 4.20%，虽然相比 2014 年增加了 1.94 个百分点，但是相对于东部 6 省市同期数据，山东依旧排名垫底，落后于排名第一的浙江 7.71 个百分点。

比较山东和东部 6 省市的社会融资规模各组成部分占比可以发现，山东社会融资规模中除了人民币贷款、外币贷款和未贴现银行承兑汇票的比重是高于平均水平的，其余几个指标的水平均低于平均水平。其中，委托贷款比重低于平均水平 3.68 个百分点，信托贷款低于平均水平 9.61 个百分点，企业债券比重低于平均水平 1.95 个百分点，非金融企业境内股票融资比重低于平均水平 2.93 个百分点。各个省份社会融资规模组成部分占比的具体数据如表 2 - 4 所示。

表2－4　　　　　　　　部分省市社会融资规模组成部分占比（2015年）　　　　单位:%

	人民币贷款	外币贷款	委托贷款	信托贷款	未贴现银行承兑汇票	企业债券	非金融企业境内股票融资
山东	71.01	－4.01	5.75	－7.54	3.89	21.91	4.20
北京	29.90	－7.55	15.95	4.80	0.66	46.72	7.74
上海	49.98	－6.01	18.09	8.53	3.21	17.35	5.77
广东	76.36	－9.51	5.77	1.21	－0.53	14.92	7.71
江苏	81.21	－6.87	9.61	3.33	－17.93	22.00	5.42
浙江	85.63	－9.47	1.40	2.08	－16.52	20.27	11.91
平均	65.68	－7.24	9.43	2.07	－4.54	23.86	7.13

数据来源：Wind资讯，中国人民银行济南分行，公司金融研究中心。

　　从上文山东社会融资规模各组成部分占比可以发现，各组成部分占比超过5%的主要有人民币贷款、委托贷款和企业债券三种方式，各自的比重分别为71.01%、5.75%和21.91%。2015年全省债权融资比重超过95%，山东融资过程中更多的是依赖于债权融资，而股权融资比重过低。如果从直接融资和间接融资的对比关系来看，截至2015年底，全省直接融资比重仅为26.11%，间接融资比重为73.89%，间接融资规模约为直接融资规模的3倍。与北京、上海、广东、江苏和浙江相比，山东直接融资比重在6省市中排名第五，分别落后于排名前三的北京（54.46%）、浙江（32.17%）和广东（29.64%）28.35个百分点、6.06个百分点和3.53个百分点。这表明在融资过程中，山东更多地依赖间接融资，直接融资比重较低，意味着山东股票市场和债权市场服务实体经济的功能发挥不畅，难以满足全省融资规模的需求。各省直接融资比重如图2－9所示。

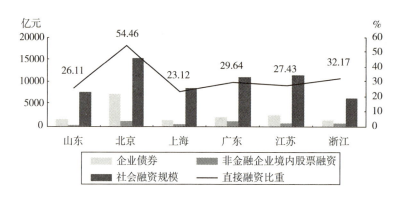

数据来源：Wind资讯，中国人民银行济南分行，公司金融研究中心。

图2－9　部分省市直接融资比重对比（2015年）

2.3　银行业稳健发展

2015 年，山东省银行业金融机构存贷款增长平稳，信贷结构持续优化，改革创新不断加快，风险得到有效控制，对经济社会发展的支撑作用不断增强。2015 年，金融机构体系更趋丰富，城商行新设县域支行 64 家，新设村镇银行 24 家，数量居全国首位；2家财务公司，山东豪沃汽车金融有限公司和山东汇通金融租赁有限公司开业运营，存款类非银行业金融机构和新型农村金融机构数量继续扩大。全省农信社新组建 62 家未改制机构全部达到农村商业银行组建标准，其中挂牌开业 21 家、已通过银监部门审核验收 23 家，获准筹建 18 家，其余 18 家也全部达到银行化改革的条件。小额贷款公司 421家，累计发放贷款 958.6 亿元。山东省金融资产管理公司注册资本增至 20.3 亿元，累计收购银行不良资产 402 亿元。民营银行筹建取得初步进展。启动农村信用合作改革试点，78 家农民专业合作社获得信用互助业务试点资格。

从全省银行业金融机构的分支机构数量来看，截至 2015 年底，山东共有银行业金融机构的分支机构 14365 家，同比增加 1.04 个百分点。在各种银行业金融机构类别中，小型农村金融机构、大型商业银行和邮政储蓄银行的数量最多，分别为 5620 家、4486 家和 2987 家，占全省分支机构总数的 38.45%、30.69% 和 20.43%，如图 2 - 10 所示。在各类银行业金融机构类别中，除了城市商业银行和邮政储蓄银行的分支机构数量减少以外，其中尤以城市商业银行减少数量最多，同比减少 90.79 个百分点，其余各类金融机构数量均有所增加，其中财务公司和新型农村金融机构数量更是同比分别增加 800.00% 和 140.80%。

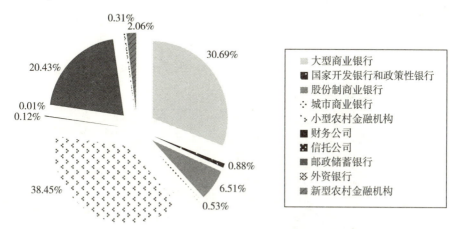

数据来源：Wind 资讯，中国人民银行济南分行，公司金融研究中心。

图 2 - 10　全省银行业金融机构分支机构占比（2015 年）

以财务公司为例，截至 2015 年底，全省共有财务公司 18 家，仅次于北京、上海，排名全国第三。其中，已开业 17 家，已获批筹 1 家；按地区划分，济南 9 家，青岛 5家，烟台 2 家，济宁 1 家，滨州 1 家。财务公司的成立对于加强资金集中管理和提高资金使用效率发挥了很大的优势，一方面可以有效地集合成员单位资金，节约财务费用，同时能够专业管理信贷资产，降低市场风险；另一方面可以拓宽企业融资渠道，增强企业集团的融资功能。

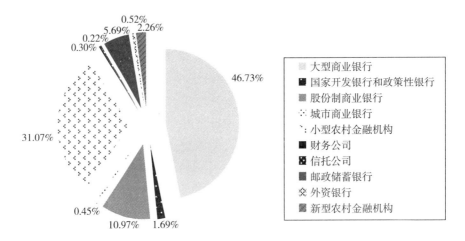

数据来源：Wind 资讯，中国人民银行济南分行，公司金融研究中心。

图 2－11　全省银行业金融机构从业人数占比（2015 年）

从全省银行业金融机构的从业人数来看，截至 2015 年底，全省共有银行业金融机构从业人数 221424 人，同比下降 7.97 个百分点。在各类银行业金融机构中，大型商业银行从业人数最多（103471 人），占全部从业人员总数的 46.73%，其余各类金融机构从业人数的比重如图 2－11 所示。从图 2－11 中还可以发现，2015 年度全省金融机构就业人数最多的三种机构分别是大型商业银行、小型农村金融机构、股份制商业银行，除大型商业银行外，其余两种金融机构的从业人数占全部就业人数的比重分别为 31.07%和 10.97%。

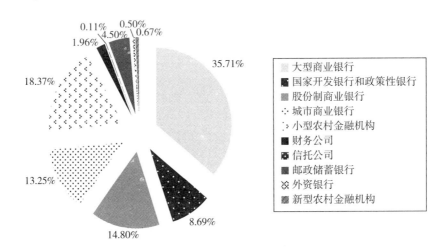

数据来源：Wind 资讯，中国人民银行济南分行，公司金融研究中心。

图 2－12　全省银行业金融机构资产总额占比（2015 年）

表 2 - 5　　　　　　　　　　　山东省银行业金融机构情况

机构类别	营业网点									法人机构（家）		
	分支机构（家）			从业人数（人）			资产总额（亿元）					
	2014	2015	增长率（%）	2014	2015	增长率（%）	2014	2015	增长率（%）	2014	2015	增长率（%）
一、大型商业银行	4477	4486	0.20	100878	103471	2.57	33351	34645	3.88	0	0	0.00
二、国家开发银行和政策性银行	128	128	0.00	3745	3751	0.16	7047	8433	19.67	0	0	0.00
三、股份制商业银行	688	951	38.23	22227	24298	9.32	13747	14357	4.44	1	1	0.00
四、城市商业银行	847	78	-90.79	24285	998	-95.89	10340	12851	24.28	14	14	0.00
五、小型农村金融机构	5007	5620	12.24	73442	68795	-6.33	15417	17823	15.61	116	115	-0.86
六、财务公司	2	18	800.00	666	672	0.90	1566	1898	21.20	13	16	23.08
七、信托公司	0	2	—	433	478	10.39	83	104	25.30	2	2	0.00
八、邮政储蓄银行	3023	2987	-1.19	9949	12590	26.55	4157	4367	5.05	0	0	0.00
九、外资银行	41	45	9.76	1124	1159	3.11	455	482	5.93	0	0	0.00
十、新型农村金融机构	125	301	140.80	3855	4998	29.65	518	654	26.25	88	99	12.50
合计	14365	14618	1.76	240604	221424	-7.97	86681	97022	11.93	234	249	6.41

注：营业网点不包括国家开发银行和政策性银行、大型商业银行、股份制银行等金融机构总部数据；大型商业银行包括中国工商银行、中国农业银行、中国银行、中国建设银行和交通银行；小型农村金融机构包括农村商业银行、农村合作银行和农村信用社；新型农村金融机构包括村镇银行、贷款公司、农村资金互助社等。

数据来源：中国人民银行济南分行，公司金融研究中心。

从全省银行业金融机构的资产总额来看，2015 年度全省金融机构的资产总额为 9.7 万亿元，同比增长 11.93 个百分点。需要指出的是，虽然城市商业银行的分支机构数和从业人员数在 2015 年度均出现大幅缩水，但是其资产总额却呈现上升趋势，同比增长 24.28 个百分点，在各类银行业金融机构资产总额的增长率中排名第三。可喜的是，在 2015 年全省银行业各类金融机构的资产总额中，无一例外都有所增加。从图 2 - 12 我们可以进一步发现，在各类银行业金融机构资产总额中，超过 60% 的资产总额集中在大型商业银行、小型农村金融机构和股份制商业银行三种类型中，其资产总额占比分别为 35.71% 、18.37% 和 14.80% 。

存款增速低位回升，对公存款增速明显加快。2015 年，受债券、股权投资和贷款派生等因素影响，人民币存款增速前低后高，6 月触底反弹，全年增长 9.4% ，较上年回升 1.7 个百分点。个人存款缓中趋降，较上年回落 1.7 个百分点。非金融企业存款快速增长，增量达上年的 2.3 倍，增速提高 5.8 个百分点。互联网金融、股市分流及理财产品大量发行，拉动非银行业金融机构存款增量占比上升 5.6 个百分点。因汇率波动加大等影响，外币存款少增 16.7 亿元。

贷款增长稳中趋缓，信贷结构继续优化。2015 年，全省人民币贷款增加 5359.7 亿元，较上年多增 251 亿元。在 PSL 资金释放、项目集中启动等稳增长措施带动下，中长

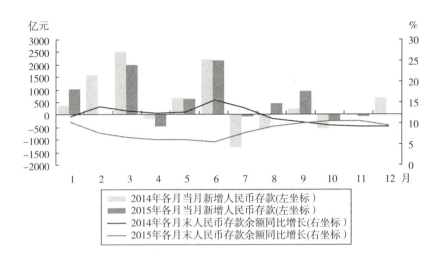

数据来源：Wind 资讯，公司金融研究中心。

图 2 - 13　山东金融机构人民币存款增长变化（2014—2015 年）

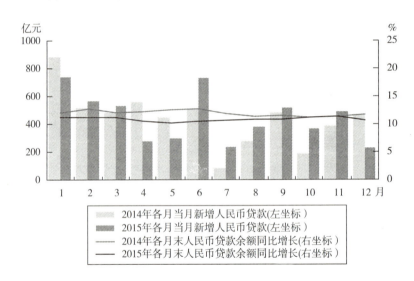

数据来源：Wind 资讯，公司金融研究中心。

图 2 - 14　山东金融机构人民币贷款增长变化（2014—2015 年）

期贷款多增 114.7 亿元。实体经济经营性信贷需求减弱，短期贷款少增 28.9 亿元。受房地产市场回暖等因素影响，个人住房贷款大幅多增。在放宽存贷比监管的背景下，票据融资快速增长。外贸形势低迷，外币贷款减少 30.5 亿美元。

中国人民银行济南分行认真贯彻宏观调控政策，落实降准措施，增加法人机构可用资金 847 亿元，信贷政策支持再贷款、再贴现全年累放分别达到 222.3 亿元和 207.2 亿元，借款机构涉农贷款增速加快、占比提高、利率下降，全省涉农贷款增长 8.8%。创推主办银行制度和银税互动机制，引导金融支持"大众创业、万众创新"，小微企业贷款增速高于各项贷款 9.2 个百分点。启动金融扶贫工作；推动发放"两权"抵押贷款

10.1亿元。督促金融机构使用PSL资金加大对棚改、水利等基建项目支持力度，政策性银行新增贷款821.8亿元。引导金融机构对接1138个重点技改项目，为14个PPP项目、340家战略性新兴企业和286家文化企业分别提供授信资金14.5亿元、214.7亿元和371.4亿元。

2015年，面对经济结构调整、经济下行压力增大的复杂局面，山东省积极发挥银行融资主渠道作用。通过完善考核激励、推动抵（质）押物创新，引导银行机构加大对重点区域、重点行业的扶持力度，2015年半岛蓝色经济区、省会城市群经济圈和黄河三角洲高效生态经济区人民币贷款分别增加2517亿元、2010.6亿元和723.7亿元，同比多增218.8亿元、356.8亿元和1.5亿元。全省涉农、小微企业人民币贷款余额分别比年初增加1994.5亿元、1640.9亿元，余额同比增长8.8%、19.2%，服务业、基础设施、保障房等领域贷款增长较快。

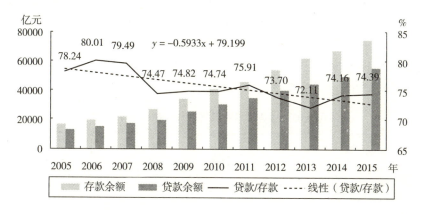

注：存贷比＝贷款余额/存款余额。

数据来源：Wind资讯，公司金融研究中心。

图2－15 山东历年存贷比变化趋势（2005—2015年）

短期内，山东银行存贷比有抬升趋势，但是长期内存贷比的下降趋势没有改变。截至2015年底，山东银行业存贷比为74.39%，比2014年增加0.23个百分点，相比于近10年的最低点（72.11%），该比例增加了2.28个百分点。但是，从图2－14中可以发现，山东银行的存贷比总体呈现出的下降趋势没有改变。通过观测期的数据进行拟合可知，观测期内山东银行存贷比平均每年下降0.5933个百分点。随着国家取消贷款余额与存款余额比例不得超过75%的规定，并将存贷比由法定监管指标转为流动性监测指标之后，国内银行存贷比本应有很大的提升，但是2015年山东存贷比的增加幅度却很有限，而且长期的下降趋势并未改变也意味着山东银行业的盈利能力在不断降低。造成这一问题的原因主要有两个方面：其一是外部经济环境恶化，实体经济部门难以找到有效的投资途径，因此对于银行贷款的需求降低；其二是受到利率市场化和互联网金融的双向冲击，融资渠道的增加和融资成本的降低使得融资者面临更多的选择。

2.4 多层次资本市场建设取得新成效

机构规模快速增长，经营效益持续向好。2015年，山东省证券业和期货业总资产合计达1620.7亿元，新增证券分公司和营业部44家，期货营业部10家。证券市场成交活跃，2家法人证券公司总交易额同比增长206.7%，净利润为上年同期的2.9倍。融资融券业务快速发展，年末余额达378.9亿元。3家法人期货公司总资产和净利润分别增长21.9%和42.3%。

资本市场融资规模扩大，并购重组交易活跃。2015年，全省资本市场融资同比增长22.1%。新增上市公司12家，融资额为65.2亿元，41家上市公司实施再融资494.7亿元。全省162家境内上市公司总市值为1.9万亿元，占山东国内生产总值的30.0%，较上年提高9.1个百分点。中小板和创业板上市公司数量分别达60家和22家。在全国中小企业股份转让系统（"新三板"）挂牌公司数量达336家，募集资金60.5亿元，储备挂牌企业资源突破1400家。上市公司完成并购重组事项205起，涉及资金1369.4亿元。山东证券业发展情况如表2-6所示。

表2-6　　　　　　山东省证券业基本情况（2012—2015年）

项目	2012年	2013年	2014年	2015年
总部设在辖内的证券公司数（家）	2	2	2	2
总部设在辖内的基金公司数（家）	0	0	0	0
总部设在辖内的期货公司数（家）	3	3	3	3
年末国内上市公司家数（家）	153	153	154	162
当年国内股票（A股）筹资（亿元）	430.9	82.4	268	484
当年发行H股筹资（亿元）	32.6	0	0	0
当年国内债券筹资（亿元）	1414.1	1736.2	3476	4317
其中：中期票据筹资额（亿元）	470.6	925.2	1436	2277
短期融资券筹资额（亿元）	572	497.9	843	622

注：当年国内股票（A股）筹资额指非金融企业境内股票融资。

数据来源：中国人民银行济南分行，公司金融研究中心。

截至2015年底，山东共有上市公司162家（含2家B股上市公司），占全国上市公司总数的5.73%。年末全省上市公司总资产为16709.85亿元，占全国上市公司总资产的0.97%；合计总股本为1438.98亿股，占全国上市公司股本总数的2.87%；年末上市公司总市值共计19885.84亿元，占全国上市公司总市值的比重为3.40%；2015年山东证券化率只有31.05%，远低于全国的平均水平和广东、浙江、江苏等省的水平（见表2-7）。

表 2 - 7 上市公司总量指标及占比情况（2015 年）

	上市公司		总股本		总资产		总市值		证券化率
	数量（家）	占比（%）	数量（亿股）	占比（%）	数量（亿元）	占比（%）	数量（亿元）	占比（%）	（%）
全国	2827	100	50092.96	100	1723721.08	100	584464.41	100	86.25
山东	162	5.73	1438.98	2.87	16709.85	0.97	19885.84	3.40	31.05
广东	435	15.39	4761.61	9.51	191732.951	11.12	90825.23	15.54	123.95
浙江	308	10.89	2325.10	4.64	25262.74	1.47	41449.84	7.09	96.07
江苏	290	10.26	2176.37	4.34	31356.45	1.82	37228.56	6.37	51.11

数据来源：Wind 资讯，公司金融研究中心。

2015 年，山东上市公司累计实现营业收入 9313.44 亿元，占全国上市公司营业收入总额的 3.15%；累计实现净利润 508.75 亿元，占全国上市公司累计净利润的 1.92%。根据 Wind 数据统计，2015 年全省上市公司整体资产负债率为 57.07%，同比下降 2.65 个百分点，比全国上市公司 84.65% 的整体负债率低 27.58 个百分点。2015 年，全省上市公司中，资产负债率超过 60% 的有 36 家，占比 22.50%；超过 70% 的有 14 家，占比 8.75%；超过 80% 的有 4 家企业。与全国相比，较低的资产负债率显示：山东上市公司的经营投资相对保守稳健。

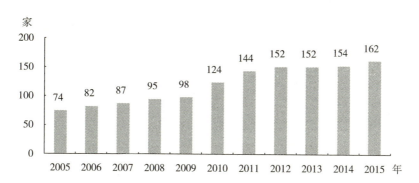

数据来源：Wind 资讯，公司金融研究中心。

图 2 - 16 山东上市公司数量（2005—2015 年）

从绝对数量上来讲，山东上市公司数量在全国排名第 6 位，占全国上市公司总数的 5.73%，排名落后于 GDP 在全国的排名（第 3 名），上市公司数量占全国的比重也远低于山东省 2015 年 GDP 占全国的比重（9.31%）。2015 年，虽然证券市场 IPO 暂停 4 个月，但是山东仍有 8 家公司上市，其中 3 家在创业板上市。

2015 年山东上市公司市值随着市场的剧烈波动也随之上下震荡，截至 2015 年底，山东省 A 股上市公司总市值达到 18663.9 亿元，相当于十年前市值规模的 12.07 倍，如图 2 - 17 所示。总市值规模的增大，既有股本规模扩大的作用，也有市值成长的贡献。

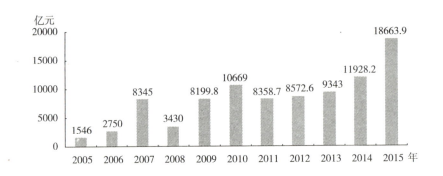

数据来源：Wind 资讯，公司金融研究中心。

图 2 – 17　山东上市公司总市值（2005—2015 年）

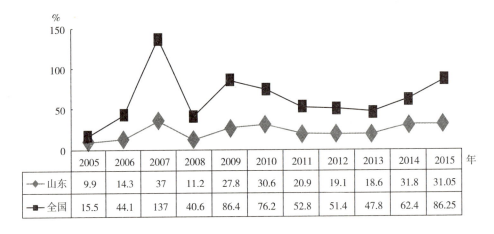

	2005	2006	2007	2008	2009	2010	2011	2012	2013	2014	2015
山东	9.9	14.3	37	11.2	27.8	30.6	20.9	19.1	18.6	31.8	31.05
全国	15.5	44.1	137	40.6	86.4	76.2	52.8	51.4	47.8	62.4	86.25

数据来源：Wind 资讯，公司金融研究中心。

图 2 – 18　山东及全国证券化率比较（2005—2015 年）

2015 年，山东证券化率为 31.05%，比上一年下降 0.75 个百分点，基本与去年持平，如图 2 – 18 所示。山东证券化率之所以没有出现大的下跌，一方面由于 2015 年底股票市场维稳攀升，全省市值有所增加；另一方面则是因为 2015 年山东上市公司数量增加，这为市值的增加起到了直接的促进作用。虽然山东证券化率近两年基本维持在相对较高水平，但是同全国相比，山东证券化率一直低于全国的平均水平，而且近两年同全国平均证券化率的差距呈扩大趋势。2014 年低于全国 30.6 个百分点，2015 年山东省证券化率低于全国 55.2 个百分点，差距较大。

从全国各省的证券化率来看（见图 2 – 19），山东省证券化水平较低。2015 年，山东证券化率在全国排名第 24 位，同 2014 年持平，而山东省的上市公司家数和市值都在全国排第六名，GDP 在全国排第二名。山东证券化率低说明山东省的市值与山东省 GDP 严重不匹配。跟山东发展水平相近的浙江省的证券化率为 96.07%，全国排第六名，江苏省的证券化率为 51.11%，全国排第 11 名，均远高于山东省。以上数据充分表明山东地区的证券化程度还处在较低的水平，山东需要进一步提高资本市场在经济发展过程中

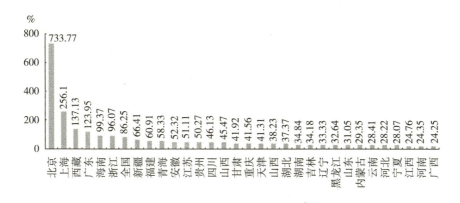

数据来源：Wind 资讯，公司金融研究中心。

图 2－19 全国各省证券化率比较（2015 年）

的地位，使更多的企业通过资本市场解决资金需求问题。

区域股权交易发展迅速，权益类交易市场进一步完善。2015 年以来，齐鲁股权交易中心以实施增资扩股、管理体制改革为契机，紧紧围绕打造全省中小企业投融资平台的市场定位，做大市场规模，做精融资产品，做优服务功能，做通转板渠道，市场改革发展迈上新台阶，居全国同类市场前列。齐鲁股权交易中心公司制改造顺利完成，挂牌、托管和展示企业分别达 611 家、763 家和 4500 家，累计融资 196.41 亿元；与"新三板"初步建立了批量转板机制，24 家企业成功转板；推出全国首单挂牌企业集合私募债、短融债、系列债。蓝海股权交易中心挂牌企业 318 家，累计融资 30 亿元。通过设立政府引导基金、开展登记备案、启动组建行业协会等措施，推动私募股权投资快速发展，私募股权基金管理机构达 434 家。权益类和大宗商品类交易市场健康发展，新批准成立金融资产、能源环境、农村产权和海洋产权 4 家交易场所，全省 16 家权益市场交易额达 500亿元。

2.5 保险业服务经济发展能力提升

2015 年，山东省保险业发展规模持续扩大，服务领域不断拓宽，经济补偿和风险保障功能进一步发挥。保险业实力进一步增强，地方法人机构继续增加。2015 年，山东省保险公司总数达 88 家，资产规模较上年增长 17.2%。保险机构数量和从业人员数量均居全国首位。保费收入 1788 亿元，比上年增长 22.9%。其中，财产险保费收入 593.0亿元，增长 9.8%；人身险保费收入 1195 亿元，增长 30.6%。承担各类风险责任 50.5万亿元，增长 18.3%。支付各项赔款与给付 622.2 亿元，增长 19.9%。农业保费收入17.7 亿元，增长 84.2%，为 1792 万户次农户提供了 455.5 亿元的风险保障。

服务主体不断扩大，保障功能有效增强。2015 年，山东省农业保险赔款支出增长78%，农业保险承保面积增长 53%，财政补贴农业保险品种增至 12 个，主要经济作物保险覆盖率达 90%，生猪及蔬菜价格指数保险、海水养殖业风力指数保险等试点业务深入开展。大病保险累计赔付 53.61 万人次。安全生产责任险覆盖到 10 个行业，治安保险县区覆盖面超过 80%，医疗责任保险试点启动，责任保险保费增长 28%。出口信用保险为外贸出口提供风险保障 1912.8 亿元。小额贷款保证保险业务规模 15.5 亿元，赔付支出增长 105%。

市场化改革深入推进，投资领域持续拓宽。山东省在全国率先启动商业车险条款费率市场化改革，八成车险消费者保费同比下降。青岛列入全国首批个税递延型养老保险试点地区。互联网等新型销售渠道快速发展，互联网车险业务规模超过专业代理渠道，转型社区门店等新型经营模式取得新进展。保险资金投资规模较快增长，累计投资604.1 亿元。阳光保险参与发起设立山东潍坊阳光融和医院。泰山财险参与发起设立保险业首家股权基金管理公司，募集首只中小微企业股权基金；参与发起设立保险业首家私募股权投资公司，设立地区性股权投资基金。山东保险业发展情况具体数据如表 2－8所示。

表 2－8　　　　　　山东省保险业基本情况（2013—2015 年）　　　　　　单位：家

项目	2013 年	2014 年	2015 年
总部设在辖区内的保险公司数量	2	3	4
其中：财产险经营主体	1	2	3
人身险经营主体	1	1	1
保险公司分支机构数	79	79	6690
其中：财产险公司分支机构数	35	33	—
人身险公司分支机构数	44	46	—
保费收入（中外资，亿元）	1280.4	1455	1788
其中：财产险保费收入	445.6	515	593
人身险保费收入	843.8	940	1195
各类赔款给付（中外资，亿元）	441.7	519	615
保险密度（元／人）	1336.6	1486	1821
保险深度（%）	2.3	2.45	3

数据来源：中国人民银行济南分行，公司金融研究中心。

2.6　金融生态环境进一步优化

全省所有助农取款服务点和转账电话全部开通跨行支付功能，第二代支付系统全面推广，金融 IC 卡累计发行突破 1 亿张。构建金融消费纠纷非诉第三方调解机制，农村金融消费维权联络点增至 386 家，金融消费权益保护信息系统全面覆盖。推动建立信用信息共享机制与高校征信研究、教学战略合作关系，全面推进山东省社会信用体系建设。金融信用信息基础数据库在全省自然人和企业中的覆盖率超过 50%。推进地方金融立法工作，《山东省地方金融条例》已提请山东省人大审议。

2015 年，在经济持续下行背景下，山东稳步推动民间融资规范发展工作，民间融资机构运行平稳，监管工作科学规范、成效明显。截至 2015 年末，山东省已开业民间融资机构 489 家，注册资本 256.13 亿元。其中民间资本管理机构 444 家，注册资本金 255.18 亿元；民间融资登记服务机构 45 家，注册资本金 0.95 亿元。2015 年，民间资本管理机构累计投资金额为 346.50 亿元，同比减少 1.75%；累计募集资金 30.62 亿元，同比增长 77.40%。民间融资登记服务机构累计登记资金需求 31.14 亿元，同比增加 46.40%；累计登记资金出借 16.12 亿元，同比增长 29.27%；成功对接金额 14.01 亿元，同比增长 47.78%。

第 3 章　山东互联网行业发展现状

近年来，随着信息技术的快速发展，互联网的应用范围越来越广，普及性也越来越强。从企业到政府，从政治到经济，社会活动中的每一个部门和每一个领域都被互联网深刻地影响着。互联网技术、信息通信技术不断取得突破，推动互联网与金融加速融合，促进了金融创新，提高了金融资源配置效率，使传统金融产业面临巨大的冲击和挑战。但互联网金融绝不是互联网和金融业的简单结合，而是传统金融行业与互联网精神相结合的新兴领域，依托于支付、云计算、社交网络、搜索引擎及 APP 等互联网工具，实现资金融通、支付和信息中介等业务的一种新兴金融。互联网金融以互联网为载体，把互联网作为金融活动赖以开展的资源平台而不是技术平台，互联网金融得以更好发展的前提是互联网技术的成熟发展和广泛应用。本报告第 3 章主要分析和评价山东互联网行业发展的现状。

3.1　互联网基础资源状况

3.1.1　IPv4 地址数无显著增长

截至 2015 年 12 月，我国 IPv6① 地址数量为 20594 块/32，年增长 9.60%，IPv4 地址数量 3.37 亿个。同期山东省 IPv4 地址数量自 2011 年起未发生明显变化，在全国 IPv4 地址数量中的占比基本保持在 4.90% 左右。截至 2015 年 12 月，山东省 IPv4 地址数量共有 1652 万个，相比 2014 年并无显著增加，在全国 IPv4 地址数量中的占比为 4.91%（见图 3-1）。

纵向来看，虽然 2009—2015 年山东省 IPv4 地址数量持续增加，2010 年增速达 33.02%，但自 2011 年后省内 IPv4 地址数量增长缓慢，2015 年 IPv4 地址数量仅增加 5 万个，增速低至 0.30%（见图 3-1）。IP 地址是互联网基础资源之一，对互联网发展起到了至关重要的作用。在目前 IPv4 地址逐步耗尽的情况下，向 IPv6 过渡和迁移是满足互联网产业对 IP 地址的海量需求、促进互联网金融等新兴业态发展的必然之需。

---

① IPv6 是 Internet Protocol Version 6 的缩写，其中 Internet Protocol 译为"互联网协议"。IP 地址的作用是标识上网计算机、服务器或者网络中的其他设备，是互联网中的基础资源，只有获得 IP 地址（无论以何种形式存在），才能和互联网相连。

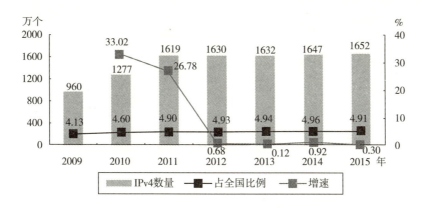

数据来源：第 37 次《中国互联网络发展状况统计报告》，公司金融研究中心。

图 3 - 1　山东 IPv4 地址数量及增速与全国占比（2009—2015 年）

截至 2015 年 12 月，北京、广东、浙江、山东的 IPv4 地址数量分别占全国 IPv4 地址总数的 25.45%、9.51%、6.46%、4.91%。山东省 IPv4 地址数量排名虽连续两年位居全国第四，但 IPv4 地址数量与北京、广东的差距甚大，其中与北京相差 6912 万个（见图 3 - 2）。IP 地址数量是互联网发展的关键资源，要想促进山东省互联网行业更好更快发展，既要保证省内 IPv4 地址数量的供给，同时又要逐步向 IPv6 过渡和迁移，为互联网行业及相关产业的发展提供强有力的支撑。

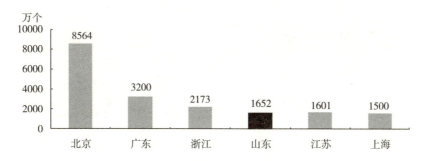

注：受数据来源的局限，并未查到各省市 IPv6 的地址数量。因此，本报告仅对部分省市的 IPv4 地址数量进行比较。

数据来源：第 37 次《中国互联网络发展状况统计报告》，公司金融研究中心。

图 3 - 2　部分省市 IPv4 地址数量对比（2015 年）

3.1.2　域名全国占比大幅下降

截至 2015 年 12 月，我国域名总数增至 3102 万个，年增长 50.60%。同期山东省域名总数为 199.35 万个，较 2014 年减少 104.82 万个，占全国域名总数的 6.40%。从图 3 - 3 中可以看出，2009—2012 年山东省域名数量不升反降，直至 2013 年域名数量才出现跨越式增长，增速达 821.94%，在全国域名总数中占比达 23.45%。但 2014 年和 2015 年连续两年，山东省域名一反增长态势转而出现了较大幅度的下滑（见图 3 - 3）。山东

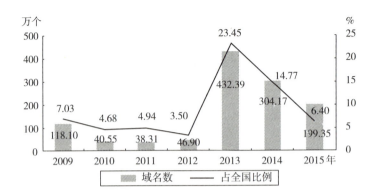

数据来源：第 37 次《中国互联网络发展状况统计报告》，公司金融研究中心。

图 3 - 3　山东域名数量及全国占比（2009—2015 年）

省域名数量及在全国的占比均呈现下降的趋势。

在与广东、北京、上海、浙江和江苏省市的比较中，山东省是唯一一个域名数量出现大幅减少的省份。2015 年山东省域名数量不增反降，相比 2014 年减少 104.82 万个。而相比较其他省市的域名数量均有不同程度的增加，其中北京 2015 年域名数量相比 2014 年增加了 220.24 万个（见图 3 - 4）。

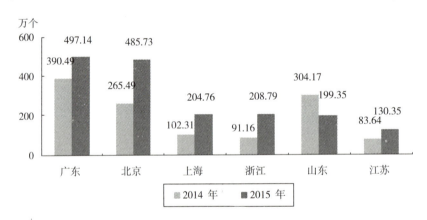

数据来源：第 37 次《中国互联网络发展状况统计报告》，公司金融研究中心。

图 3 - 4　部分省市域名数量对比（2014—2015 年）

3.1.3　网站规模全国占比偏低

截至 2015 年 12 月，我国网站数量为 423 万个，年增长 26.30%。同期山东省网站数量达 22.61 万个，与 2014 年相比，网站数量净增 6.81 万个，增速达 43.10%，在全国网站总数中的占比为 5.30%。2009—2015 年 7 年间山东省网站数量在全国网站总数中的占比一直维持在 5% 左右。2012 年网站数量增速为 30.62%，2013 年网站数量增速便大幅下滑至 2.03%，2014 年网站数量增速转而出现回升的态势，并在 2015 年达到 43.10%（见图 3 -5）。全省网站数量虽然增长迅速，但是在全国中的占比仍然偏低。

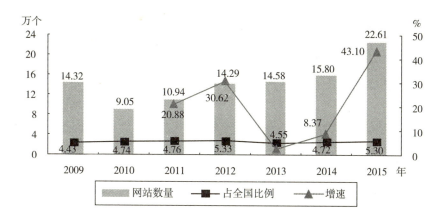

数据来源：第 37 次《中国互联网络发展状况统计报告》，公司金融研究中心。

图 3 - 5　山东网站数量及增速与全国占比（2009—2015 年）

2015 年山东省网站数量与其他东部沿海省市相比还有很大差距，尤其是与广东、北京的网站数量差距较大。截至 2015 年 12 月，山东网站数量仅占广东网站数量的三分之一，北京网站数量是山东网站数量的 2.28 倍，山东与上海相差 14.56 万个，与浙江相差 3.59 万个。可以看出，山东网站数量已远不及周边的浙江，更远远落后于广东、北京和上海（见图 3 -6）。在当前互联网信息时代背景下，网站是大众获取信息资源的重要渠道，同时网站也是展示个人、企业或者机构的有效信息平台，作为高效开放的平台必须满足大众对互联网资源的需求。网站数量的多少会直接影响大众对网上信息资源的获取程度，因此，山东省必须加快网站的建设步伐，积极满足民众对网上资源的需求，增强山东省互联网资源的整体实力。

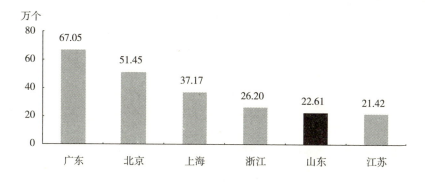

数据来源：第 37 次《中国互联网络发展状况统计报告》，公司金融研究中心。

图 3 -6　部分省市网站数量对比（2015 年）

3.1.4　网页数量大幅减少

截至 2015 年 12 月，我国网页总数达 2123 亿个，年增长 11.80%。同期山东省网页数量 38.88 亿个，占全国网页总数的 1.83%，其中静态网页 26.18 亿个，占全省网页总数的 67.33%，动态网页 12.70 亿个，占全省网页总数的 32.66%。2015 年全省网页数量

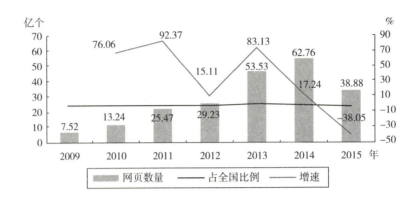

数据来源：第37次《中国互联网络发展状况统计报告》，公司金融研究中心。

图3-7 山东网页数量及全国占比（2009—2015年）

净减23.88亿个，增幅为-38.05%。纵向来看，2009—2014年山东省网页数量持续增加，然而2015年省内网页数量一反增长态势，出现了较大幅度的下滑。2009—2014年6年来省内网页数量在全国网页总数中的占比一直维持在2%～3%，2015年省内网页数量全国占比下降至1.83%，首次低于2%（见图3-7）。

山东省网站数量和网页数量一直低于北京、广东、上海和浙江等东部发达省市。2015年山东省与上述省市的差距进一步加大。网页数量大幅缩减，不及上海网页数量的一半，与北京、广东、浙江和江苏的差距更大，北京网页数量是山东网页数量的21.87倍，可见差距非常之大（见图3-8）。据此，我们可以看出山东省网页数量存在明显欠缺，因网站数量和网页数量具有一致性，山东省网站数量的缺乏直接导致省内网页数量的欠缺。因此，为了增强山东省互联网基础资源的整体实力，亟须不断加强省内网站建设，增加省内网页数量。

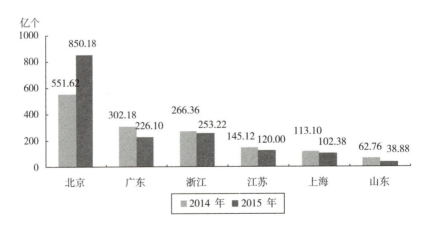

数据来源：第37次《中国互联网络发展状况统计报告》，公司金融研究中心。

图3-8 部分省市网页数量对比（2014—2015年）

3.2　互联网行业发展状况

3.2.1　省内网民普及率低

截至 2015 年 12 月，我国网民规模为 6.88 亿人，全年共计新增网民 3951 万人，增长率为 6.10%，较 2014 年提升 1.1 个百分点。同期山东省网民规模 4789 万人，全年共计新增网民 155 万人，在全国网民规模中占比 6.96%，同比下降了 0.18 个百分点（见图 3 - 9）。2015 年山东网民规模虽有所增加，但相对全国网民总数来看，比重依旧处于较低水平，近 7 年来占全国网民比重一直维持在 6% ~7%，网民普及率较低的局面没有改变。

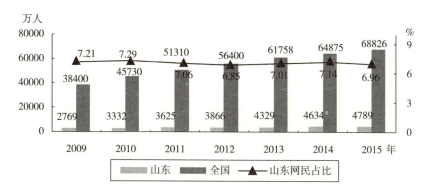

数据来源：第 37 次《中国互联网络发展状况统计报告》，公司金融研究中心。

图 3 - 9　山东网民人数与全国对比（2009—2015 年）

从图 3 - 10 中可以看出，2015 年山东网民规模占全省总人口比重仅为 48.63%，低于北京（75.88%）、上海（73.41%）、广东（71.60%）、浙江（64.92%）、江苏（55.36%）。2015 年山东网民规模虽稳居全国第二（仅次于广东 7768 万人），但网民规模增速排名却位列全国倒数第一，原因在于山东省是人口大省，人口基数大，相应地，

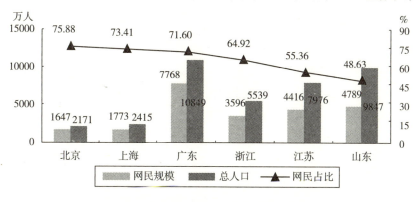

数据来源：第 37 次《中国互联网络发展状况统计报告》，公司金融研究中心。

图 3 - 10　部分省市网民普及率（2015 年）

网民规模绝对数要远超出北京、上海、江苏、浙江等省市的网民人数。这进一步说明，山东省在今后应加快发展互联网行业，大力提升网民的普及率水平。

虽然自 2014 年以来，山东联通贯彻落实"宽带中国"战略，主动承担基础通信运营商社会责任，持续加大信息网络建设投资，启动"全光纤网络城市"建设，推进"住宅区和住宅建筑内光纤到户"国家标准的落实，网络覆盖到乡（镇），提高城市宽带普及水平和业务承载能力，为网民规模稳步增长创造了有利条件。但较低的网民规模占比和极为缓慢的网民规模增速还需要省政府出台与"宽带中国"战略相关政策，不断扩大网民规模在总人口中的占比，积极填补民众对互联网需求的缺口。

截至 2015 年 12 月，我国互联网普及率为 50.30%，较 2014 年底提升了 2.4 个百分点。同期山东省互联网普及率达 48.90%，同比增加 1.3 个百分点。全省网民规模增速（3.30%）相比 2014 年（7%）下降了 3.7 个百分点，同比下降 2.8 个百分点，网民规模增速达到近 7 年来最低水平（见图 3-11）。网民规模增速大幅下滑，增速排名位居全国倒数第一。与此同时，互联网普及率在全国排名相比 2014 年（第 13 名）下降了 4 个名次，位列全国第 17 名（见表 3-1），低于全国互联网普及率平均水平（50.30%）1.4 个百分点，更与其他东部沿海城市的互联网普及率水平差距甚远（见图 3-12）。可见 2015 年全省互联网普及率水平与网民规模增速的持续收窄具有一致性。

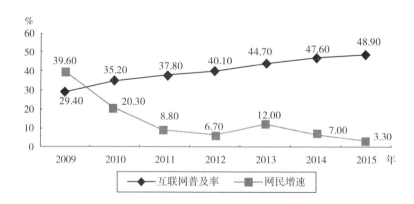

数据来源：第 37 次《中国互联网络发展状况统计报告》，公司金融研究中心。

图 3-11 全省互联网普及率及网民增速（2009—2015 年）

综观 2009—2015 年互联网普及率变化，可以发现山东互联网普及率与全国基本持平，但是其中大部分年份都低于全国平均水平。我们将山东近 7 年的互联网普及率与北京、上海、广东、浙江、江苏进行对比，可以发现，山东自 2009 年加快了互联网的普及速度，虽经过 7 年发展也未能追及与之差距最小的江苏。2015 年山东省互联网普及率（48.90%）分别低于北京 27.6 个百分点，上海 24.2 个百分点，广东 23.5 个百分点，可见山东互联网普及率与其他省市的差距仍然较大（见图 3-12）。

一般而言，经济发达地区的互联网普及率应该高于经济欠发达地区。2015 年山东省实现生产总值（GDP）达 63002.30 亿元，仅次于广东和江苏，排名第三，占全国 GDP 总量的 9.31%，是名副其实的经济大省，但互联网行业的发展却始终处于劣势。从

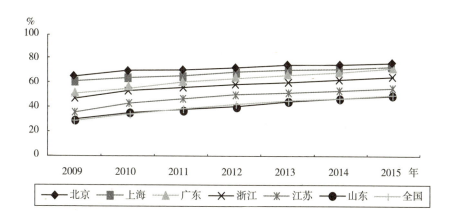

数据来源：第 37 次《中国互联网络发展状况统计报告》，公司金融研究中心。

图 3 – 12　部分省市互联网普及率对比（2009—2015 年）

图 3 – 13 和表 3 – 1 中可以明显地发现 2015 年山东省互联网普及率不仅远远低于北京（76.50%）、上海（73.10%）、广东（72.40%）、浙江（65.30%）、江苏（55.50%），而且也低于新疆（54.90%）、青海（54.50%）和内蒙古（50.30%）等内陆经济欠发达地区。

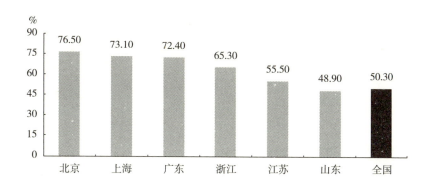

数据来源：第 37 次《中国互联网络发展状况统计报告》，公司金融研究中心。

图 3 – 13　部分省市互联网普及率对比（2015 年）

通过比较 2015 年部分省市的网民规模、网民规模增速、互联网普及率及普及率排名得出，虽然山东省网民规模位居全国第二，但网民规模增速排名却位居倒数第一；互联网普及率排名相比 2014 年下滑了 4 个名次，位居全国第十七，而且低于全国互联网普及率平均水平。2015 年山东省网民规模增速大幅减缓并非正常现象，事实上，2015 年网民规模增速大幅下滑，网民普及率及互联网普及率水平明显偏低，互联网行业发展不健全显著制约了省内互联网相关产业的发展。因此，山东省还需要认真贯彻落实国务院《"宽带中国"战略及实施方案》（国发〔2013〕31 号），全面提升网民和互联网普及率水平，加快互联网行业发展乃至推动省内互联网金融的发展。

表 3 – 1　　　　　　　部分省市网民规模及互联网普及率（2015 年）　　　　单位：万人

	网民规模	网民规模增速（%）	普及率（%）	普及率排名
北京	1647	3.4	76.5	1
上海	1773	3.3	73.1	2
广东	7768	6.6	72.4	3
福建	2648	7.1	69.6	4
浙江	3596	4	65.3	5
天津	956	5.8	63	6
辽宁	2731	5.9	62.2	7
江苏	4416	3.3	55.5	8
新疆	1262	10.8	54.9	9
青海	318	9.9	54.5	10
山西	1975	7.5	54.2	11
海南	466	10.8	51.6	12
河北	3731	3.6	50.5	13
内蒙古	1259	10.3	50.3	14
陕西	1886	8.1	50	15
宁夏	326	10.6	49.3	16
山东	4789	3.3	48.9	17
全国	68826	6.1	50.3	—

数据来源：第 37 次《中国互联网络发展状况统计报告》，公司金融研究中心。

3.2.2　互联网宽带用户增加缓慢

截至 2015 年底，我国通过固定宽带接入方式使用互联网的企业比例为 86.3%，移动宽带接入比例为 23.9%（见图 3 – 14）。由《"宽带中国"战略及实施方案》中"光进铜退"、"提速降费"、"宽带应用水平大幅提升，移动互联网广泛渗透"等工作目标的提出，持续夯实我国网络信息产业的基础建设，使企业更广泛地接入互联网、更顺畅地使用互联网。

通过对比 2011—2014 年山东省互联网固定宽带用户和移动互联网用户的规模，我们发现，固定宽带用户规模远远少于移动互联网用户的规模，并且差距在进一步扩大。截至 2014 年 12 月，固定宽带用户规模（1524 万户）仅有移动互联网用户规模（5569 万户）的三分之一（见图 3 – 15）。虽然固定宽带用户和移动互联网用户均稳步提升，但并没有实现"宽带山东"2014 年的战略目标，即"到 2014 年年底，固定宽带用户达到 1650 万户，移动互联网用户超过 6180 万户"。

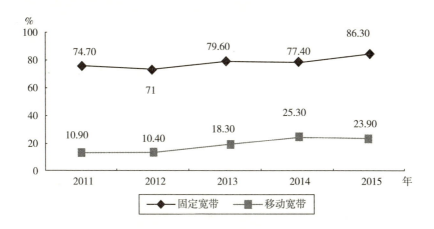

注：宽带连接包括固定宽带和移动宽带，下载速度至少为 256kbit/s。

数据来源：第 37 次《中国互联网络发展状况统计报告》，公司金融研究中心。

图 3 - 14　企业固定宽带和移动宽带接入比例（2011—2015 年）

数据来源：山东省统计局，Wind 资讯，公司金融研究中心。

图 3 - 15　山东互联网固定宽带用户与移动互联网用户对比（2011—2014 年）

3.2.3　手机网民占绝大多数

截至 2015 年底，我国手机网民规模达 61981 万人，较 2014 年底增加 6303 万人。网民中使用手机上网人群的占比由 2014 年的 85.8% 提升至 90.1%（见图 3 - 16），手机网民中通过 3G/4G 上网的比例为 88.8%。可见手机依然是拉动网民规模增长的首选设备。

据 CNNIC 资料显示，2015 年新网民最主要的上网设备是手机，使用率为 71.50%，较 2014 年底提升了 7.4 个百分点。台式电脑、笔记本电脑、平板电脑的使用率均出现下降，手机正在不断挤占其他个人上网设备的使用（见图 3 - 17）。原因在于 2015 年 5 月，国务院办公厅印发了《关于加快高速宽带网络建设　推进网络提速降费的指导意见》，

数据来源：第37次《中国互联网络发展状况统计报告》，公司金融研究中心。

图 3 - 16　中国手机网民规模及其占网民比例（2007—2015 年）

明确指出要加快基础设施建设，大幅提高网络速率。该意见出台后，三大运营商相继行动，降低网络流量费用，实施"流量当月不清零"等措施。这对于改善网民网络接入环境，提升 3G/4G 网络使用率有良好的促进作用。移动互联网塑造了全新的社会生活形态，潜移默化地改变着移动网民的日常生活。

2014 年山东省移动互联网用户数提升缓慢，省内移动互联网用户中手机上网用户占比达 92.6%，手机上网用户占绝大多数。截至 2014 年 12 月，全省移动互联网用户达 5569.20 万户（含 3G 上网用户 2285.10 万户），净增 13.10 万户，增幅收窄为 0.24%，低于全国平均增幅（8.37%）8.14 个百分点。在全国移动互联网用户数中的占比为 6.36%，相比 2013 年（6.88%）下降 0.52 个百分点。纵向来看，2011—2014 年山东省移动互联网用户数与全国相比存在较大差距，连续 4 年在全国移动互联网用户中的占比维持在 7% 以下，没有出现较大幅度的增长，与全国移动互联网用户数的差距进一步拉大（见图 3 - 18）。

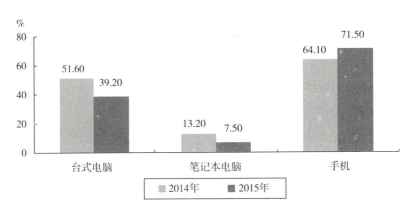

数据来源：第37次《中国互联网络发展状况统计报告》，公司金融研究中心。

图 3 - 17　我国新网民互联网接入设备使用情况（2014—2015 年）

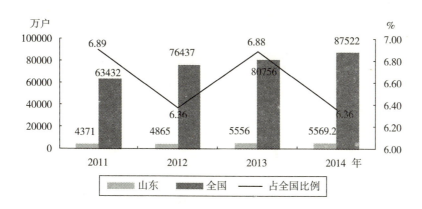

数据来源：山东省统计局，Wind 资讯，公司金融研究中心。

图 3 - 18　全省移动互联网用户与全国对比（2011—2014 年）

3.2.4　与金融相关的互联网应用

1. 互联网理财

2015 年互联网理财市场用户规模继续扩大。截至 2015 年 12 月，我国购买过互联网理财产品的网民规模达到 9026 万人，相比 2014 年底增加 1177 万人，网民使用率为 13.1%，较 2014 年底增加了 1.0 个百分点，全年增长率达到 15%（见表 3 - 2 和图 3 - 19）。

在央行连续"降准降息"、货币供应量持续增加的经济环境下，货币基金类互联网活期理财产品收益与银行存款利率同步下降，当前主流产品的收益率已跌破 3%，产品定位已从高收益理财产品转型为可生息的现金管理工具。互联网理财市场发展进一步深化，产品格局发生重大变化，已由发展初期活期理财产品包打天下转变为活期①、定期②理财产品共同发展的新局面。截至 2015 年 12 月，互联网活期理财用户规模为 8594 万

表 3 - 2　　　　　与金融相关的互联网应用数据统计（2014—2015 年）

应用	2014 年		2015 年		
	用户规模（万人）	网民使用率（%）	用户规模（万人）	网民使用率（%）	全年增长率（%）
互联网理财	7849	12.10	9026	13.10	15.00
网上支付	30431	46.90	41618	60.50	36.80
网上银行	28214	43.50	33639	48.90	19.20
手机网上支付	21739	39.00	35771	57.70	64.50
手机网上银行	19813	35.60	27675	44.60	39.70

数据来源：第 37 次《中国互联网络发展状况统计报告》，公司金融研究中心。

---

①　网络活期理财产品是指互联网公司或银行发行的，只能通过互联网渠道购买的余额宝类理财产品，该类产品具有高收益、低门槛、高流动性的特点。

②　网络定期理财产品是指通过互联网渠道购买的具有定期特性的理财产品，但不包括银行网站售卖的理财产品、封闭式基金等理财产品。

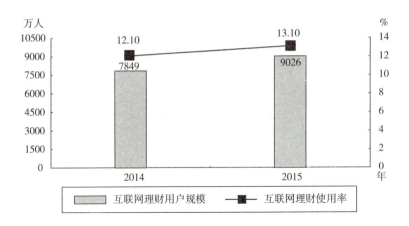

数据来源：第37次《中国互联网络发展状况统计报告》，公司金融研究中心。

图3-19　全国互联网理财用户规模及使用率（2014—2015年）

人，相比2014年底，用户规模有所提升。

从用户角度而言，第一，互联网活期理财产品收益的持续走低使用户理财需求转移至相对高收益的定期理财产品上来；第二，由于2015年股市的震荡，使大众投资需求转向收益稳定的定期理财产品上来；第三，历经前期市场健康发展后，用户对网络理财产品已产生较强的安全感知，为网络定期理财产品的发展奠定了良好的基础。从产品端而言，第一，金融机构根据互联网理财的特点设计出更多低门槛定期理财产品；第二，互联网公司运用大数据、云计算等技术手段参与产品设计，在降低购买门槛的同时提升定期理财产品流动性，使部分网络定期产品更具吸引力；第三，网络定期理财销售平台汇集基金、保险、票据以及借款类等众多理财资源，为用户提供了丰富的购买选择。

2. 网上支付/手机网上支付

截至2015年12月，我国使用网上支付的用户规模达到41618万人，较2014年底增加11187万人，增长率达到36.80%。与2014年底相比，我国网民使用网上支付的比例由46.90%提升至60.50%。值得注意的是，2015年手机网上支付增长尤为迅速，用户规模达到35771万人，增长率为64.50%，网民手机网上支付的使用比例由39.0%提升至57.7%（见表3-2和图3-20）。

2015年，网上支付发展迅速，普及化进程加速。其一，网络支付企业大力拓展线上线下渠道，丰富支付场景，发挥网上支付"电子钱包"功能。一方面，网上支付企业运用对商户和消费者双向补贴的营销策略推动线下商户开通移动支付服务；另一方面，网上支付企业开通外币支付业务，拓展海外消费支付市场。其二，网络支付与个人征信联动构建信用消费体系。2015年初，芝麻信用、腾讯征信、拉卡拉信用等在内的8家机构获得中央银行的个人征信业务牌照。在逐步建立的信用体系下，不良信用行为会被记录在案，并通过网上支付限制其消费行为，迫使用户重视个人信用的维系，从而规范和完善了网上信用消费的支付环境。

与此同时，网上支付风险依然存在，第三方支付极易成为套现工具。电子商务支付

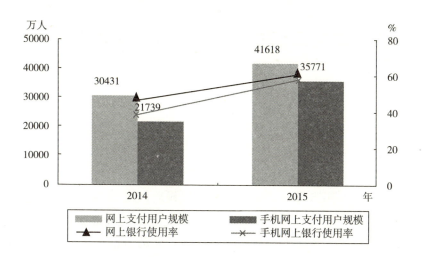

数据来源：第37次《中国互联网络发展状况统计报告》，公司金融研究中心。

图3-20　网上支付/手机网上支付用户规模及使用率（2014—2015年）

体系下，消费者或者商家无须 POS 机，在网上可直接通过微信支付、支付宝、信用卡完成套现，操作方式更为简单和隐蔽。随着网络业态多样化发展，网上信用卡套现监管难度越来越大。

3. 网上银行/手机网上银行

截至 2015 年 12 月，我国使用网上银行的用户规模达到 33639 万人，较 2014 年底增加 5425 万人，增长率达到 19.20%。与 2014 年底相比，我国网民使用网上支付的比例由 43.50% 提升至 48.90%。手机网上银行的使用率虽低于网上银行，但其增长速度较快。2015 年手机网上银行用户规模达到 27675 万人，增长率为 39.70%，网民手机网上银行的使用比例由 35.60% 提升至 44.60%（见表3-2和图3-21）。

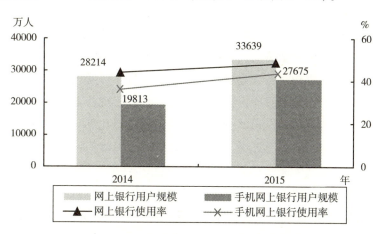

数据来源：第37次《中国互联网络发展状况统计报告》，公司金融研究中心。

图3-21　网上银行/手机网上银行用户规模及使用率（2014—2015年）

3.3 促进互联网及互联网金融发展的相关政策

3.3.1 互联网行业相关政策

1.《山东省"互联网+"发展意见》

为加快移动互联网、云计算、大数据、物联网等互联网技术与现代农业、现代制造业、现代服务业等领域的融合创新，推动传统产业提质增效，培育新型经济业态，增强山东经济发展新动力，2015 年 6 月，山东省人民政府印发《山东省"互联网+"发展意见》的通知（鲁信办字〔2015〕2 号）。该意见明确指出将重点发展基于互联网的新路径、新业态、新模式、新能力，推进经济社会发展动力由传统增长点转向新的增长点。着力强化四个重点领域、12 项重点任务。

其中，重点领域之四明确指出要发展"互联网+基础设施"，提升支撑保障新能力。重点发展互联网基础网络、设备、终端和软件，加强网络和信息安全保障，加快关键技术研发和应用，建立配套完整的互联网技术和服务产业链。

优化互联网基础网络。落实山东省人民政府《山东省"宽带中国"战略实施方案》（鲁政办发〔2014〕20 号），推进宽带网络升级提速。加快建设基于 IPv6 的下一代高速宽带网络，推进城域网高速互联，提升网络承载综合业务的性能。推动农村宽带网络普遍惠及，加快行政村通光纤、较大自然村通宽带。发展新一代移动通信网，深化无线宽带网络覆盖，统筹 WLAN、3G/LTE 等的协调发展，扩大 3G 以上网络覆盖范围，推动 WLAN 在热点地区、公共场所的覆盖，提高热点地区大流量移动数据业务的承载能力。推进地面广播电视数字化进程，积极推进"三网融合"。

2.《济南市"互联网+"发展意见》

济南市围绕打造四个中心，建设现代泉城的总目标，以发展"互联网+"为抓手，坚持新型工业化、信息化、城镇化、农业现代化同步协调发展，坚持信息化和工业化深度融合，大力实施创新驱动，致力融合应用，着力激发"大众创业、万众创新"，突破新技术、研发新产品、开发新服务、创造新业态，改造传统产业、发展新兴产业，推动济南市经济社会全面转型升级。2015 年 7 月，济南市信息化领导小组办公室、市经信委制定了《济南市"互联网+"发展意见》（济信办字〔2015〕4 号）。

该意见确立了推进"互联网+传统产业"创新经济转型新路径、发展"互联网+新兴产业"培育经济新业态、推进"互联网+智慧泉城"建设形成政府管理和社会服务新模式、发展"互联网+基础设施"提升支撑保障新能力四个重点领域，确立了"互联网+农业"、"互联网+工业"、"互联网+服务业"、"互联网+高效物流"、"互联网+媒体"、"互联网+创业创新"、"互联网+电子商务"、"互联网+信息消费"、"互联网+金融"、"互联网+政务服务"、"互联网+大数据应用"、"互联网+智慧城市产业发展"、"互联网+智慧园区建设"、"互联网+民生服务"、"互联网+绿色生态"、提升互联网基础设施、发展互联网新技术产业、加强网络和信息安全保障 18 项重点任务。到 2018 年，全市"互联网＋"发展取得明显成效，互联网技术应用和模式创新有力促进产业结构调整升级，经济社会各领域发展质量和效益全面提升，着力打造"智慧农业"、"智慧工业"、"智慧服务"、"智慧民生"，旨在实现"互联网＋"融合传统产业的水平整体提升、"互联网＋"衍生新兴产业的能力快速提升、"互联网＋"带动信息资源利用和公共服务能力不断提升、"互联网＋"基础设施和技术保障能力明显提升"四个提升"。

3. 《青岛市"互联网＋"发展规划（2015—2020 年）》

2015 年 12 月，青岛市发展改革委发布《青岛市"互联网＋"发展规划（2015—2020 年）》（以下简称《规划》）确定了青岛市"互联网＋"的发展方向和目标。青岛市制定和实施《规划》的总体思路，是坚持市场主导和政府引导"双驱动"，打造互联网技术创新和发展模式创新"双引擎"，突出产业互联网和消费互联网协同发展"双核心"，促进网络经济与实体经济速度质量"双提升"，实现互联网与经济社会发展线上线下"双融合"，通过"互联网＋"应用创新激活传统产业生命力、抢占新兴业态制高点、提升公共服务品质和治理水平，推动"互联网＋"成为打造青岛经济升级版的战略突破口和建设创新之城、创业之都、创客之岛的重要支撑，为青岛建设宜居幸福的现代化国际城市开辟新路径、增创新优势。

根据《规划》，青岛市将围绕"互联网＋"战略，重点发展"互联网＋制造"、"互联网＋商务"、"互联网＋物流"、"互联网＋金融"、"互联网＋文化"、"互联网＋农业"、"互联网＋旅游"、"互联网＋创新创业"、"互联网＋民生服务"、"互联网＋城市治理"十大领域，实施网络创新行动、基础提升行动、数据开放行动、龙头引领行动、市场拓展行动、项目示范行动六大专项行动。

3.3.2　互联网金融发展相关政策

1. 《山东省"互联网＋"发展意见》

为加快移动互联网、云计算、大数据、物联网等互联网技术与现代农业、现代制造业、现代服务业等领域的融合创新，推动传统产业提质增效，培育新型经济业态，增强山东经济发展新动力，2015 年 6 月，山东省人民政府印发《山东省"互联网＋"发展意见》的通知（鲁信办字〔2015〕2 号）。

其中，重点领域之二指出：发展"互联网＋新兴产业"，培育经济新业态。随着互联网对传统产业的全面改造，传统产业生态链的分配、消费、支付等环节不断衍生出智能化服务新业态和新模式，催生了新兴的互联网经济。

互联网金融产业。鼓励基于互联网的金融产品、技术、平台和服务创新，积极发展互联网新金融。推动"联行支付"等非金融法人机构开展第三方支付，提供互联网支付、预付卡发行与受理、银行卡收单及其他支付服务。发展 P2P 网贷（点对点信贷）、众筹、互联网银行等新型金融服务，利用互联网平台募集项目资金。鼓励企业基于产品智能化、供应链在线化的信用信息挖掘，开展信用销售、融资租赁、供应链金融等新业务，利用互联网快速提高融资效率。推动银行、保险等金融机构利用互联网创新金融服务，拓展业务领域。加强互联网金融的监管与服务，防范金融风险。

2.《关于开展我省互联网私募股权融资试点的意见》

2015年8月，山东省金融办出台《关于开展我省互联网私募股权融资试点的意见》，打造具有地方特色的互联网私募股权融资平台。该意见从六个方面提出了开展互联网私募股权融资试点工作的22条意见，指出互联网私募股权融资主要是指通过互联网形式进行非公开小额股权融资的活动。互联网私募股权融资平台是通过互联网平台为私募股权投融资双方提供信息发布、需求对接、协助资金划转等相关服务的专业中介机构。

在互联网私募股权融资平台上，融资者应当是互联网私募股权融资平台的实名注册用户，融资项目的主体应当是创业创新型中小微企业，融资项目发起的主体应当是创业创新型中小微企业或其发起人。投资者对单个项目投资不得超过项目融资总额的10%，对多个项目的投资累计不超过投资者现有金融资产的50%；项目领投人投资比例一般不低于项目投资额的20%。

按照该意见要求，山东省着手开展互联网私募股权融资试点。选择具备条件的市、县（市、区）及国家级高新区，着重围绕互联网、信息通信、文化创意、生物制药、节能环保、现代农业、先进制造业等企业或项目设立试点平台；支持证券公司、保险公司、股权投资基金管理公司、权益类交易市场、民间资本管理公司等在股权投融资服务方面具备较大优势，具有较强风险识别和管理能力的金融机构发起设立试点平台，依法开展互联网私募股权融资业务。鼓励探索建立专业化、特色化的股权融资运营模式，引导其立足本地优势，突出区域特色，围绕特定行业，深耕细作，打造富有行业特色的专业化互联网私募股权融资平台。同时，为加强组织领导，建立由山东省金融办牵头，省有关部门组成的互联网私募股权融资试点工作协调机制。

3.《关于加快众创空间建设支持创客发展的实施意见》

2015年12月，青岛市人民政府发布《关于加快众创空间建设支持创客发展的实施意见》（青政发〔2015〕30号），并在附件中提出了《加快众创空间建设支持创客发展若干政策措施》。其中，该实施意见第三项主要任务中明确提出"强化创业融资服务"。推进互联网股权众筹和实物众筹，选择信用良好、运行规范的众筹平台，开展创客股权众筹融资试点和创客产品互联网众筹推广。强化"投资＋孵化"功能，众创空间加强与天使投资人、创业投资机构合作，吸引社会资本投资初创企业。鼓励众创空间在提供一般性增值服务的同时，以股权投资等方式与创业企业建立股权关系，实现众创空间与创业企业的共同成长。

《加快众创空间建设支持创客发展若干政策措施》中第八项措施明确提出：将众创空间纳入"千帆计划"支持范围，享受《青岛市人民政府关于实施"千帆计划"加快科技型中小企业发展的意见》（青政发〔2014〕32号）有关孵化投资基金、科技信贷等政策支持。推进互联网股权众筹和实物众筹，在信用良好、运行规范的股权众筹平台开展创客众筹融资试点。

第4章 山东互联网金融发展态势

2015 年中国互联网金融仍然保持高速发展的势头，同时也被社会各界赋予了更高的期望。这种期望反映在两个方面：一是在资本市场上，互联网金融板块表现活跃。从 2014 年 7 月 22 日到 2015 年 12 月 11 日，互联网金融板块指数涨幅高达 347.80%，在所有概念板块指数涨幅中位居第二。二是在政府出台的相关政策中，互联网金融监管成为新亮点。在肯定互联网金融发展的同时，当局对其提出了更多的规范要求。李克强总理在 2015 年的《政府工作报告》中对互联网金融"异军突起"、"促进健康发展"的表述，让业界肯定了政府的积极态度；《关于促进互联网金融健康发展的指导意见》（银发〔2015〕221 号）、《关于加快构建大众创业万众创新支撑平台的指导意见》（国发〔2015〕53 号）等文件的出台，鼓励了一大批已经投身和尚未投身该领域的人才；《非银行支付机构网络支付业务管理办法（征求意见稿)》、《关于做好个人征信业务准备工作的通知》、《关于对通过互联网开展股权融资活动的机构进行专项检查的通知》（证监办发〔2015〕44 号）等针对具体业务领域的新要求，让 2015 年成为业界公认的监管元年；包括山东在内的各级地方部门，出台了众多的地方政策法规，助力本地区互联网金融的健康快速发展。

4.1 山东省互联网金融发展情况

综观 2015 年山东省互联网金融业的发展，在诸多业务领域中，P2P 网络借贷业务仍然以规模扩张而在全国同业中引起了大量的关注；在经过了产品众筹市场的发展后，山东的股权众筹业务平台也在 2015 年正式上线。为了评价山东省互联网金融发展的总体态势，尤其是观察其在全国各地发展中的相对水平，我们选用了"北京大学互联网金融发展指数"进行相关分析。

该指数由北京大学互联网金融研究中心联合上海新金融研究院和蚂蚁金服集团，使用了蚂蚁金服以及其他代表性企业的数据进行编制。该指数将互联网金融业务划分为互联网支付、互联网货币基金、互联网信贷、互联网保险、互联网投资理财和互联网征信六大板块；以 2014 年 1 月为基期，并将当时的全国互联网金融发展指数设定为 100，对全国以及 31 个省市互联网金融的总体发展指数、互联网支付发展指数、互联网货币基金发展指数、互联网信贷发展指数、互联网保险发展指数、互联网投资理财发展指数、互联网征信发展指数的月度水平进行统计计算。其中，互联网支付业务指的是第三方支付业务，互联网投资理财业务中除了 P2P 网络借贷业务和股权众筹业务外还包括互联网理财销售和股票投资咨询业务。目前该指数发布了两期，数据时间截至 2015 年 12 月。

我们选取了 2015 年 GDP 总量在全国名列前茅的省市，将这些省市及全国的互联网金融发展指数绘制成图 4-1。纵向来看，山东省的互联网金融在 2014—2015 年的发展趋势稳定，互联网金融发展指数增长了接近 3 倍。但横向比较看，山东的互联网金融发展水平不仅落后于大部分的经济发达地区，还始终落后于全国的平均水平，与其经济总量地位极不相称。

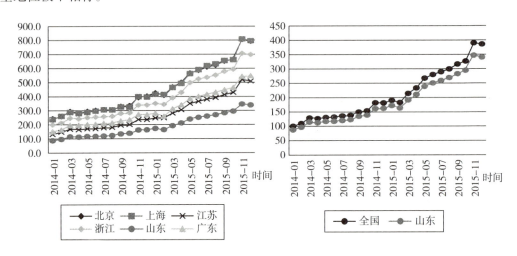

数据来源：北京大学互联网金融研究中心课题组. 北京大学互联网金融发展指数［R］. 2016，4.

图 4-1　部分省市互联网金融发展指数（2014—2015 年）

4.2　山东省第三方支付业务

2015 年，中国人民银行基本停止了支付业务许可证的发放。与此同时，第三方支付机构受到的监管日趋严格。在不断出台新监管规定的同时，2015 年中国人民银行撤销了两家支付机构的支付业务许可，支付业务市场有了强制退出的压力。2015 年，山东的支付机构（注册地在山东）数量保持不变，仍为 12 家。

4.2.1　山东第三方支付发展指数

根据《北京大学互联网金融发展指数》公布的数据，我们将部分省市第三方支付发展指数绘制成图 4-2。比较图 4-2 和图 4-1 可以发现，山东支付业务发展态势与整个互联网金融发展稳步增长的态势基本一致，同时山东的支付业务发展明显落后于全国的平均水平。首先，从基点水平看，山东的第三方支付业务既落后于其他省市，也落后于全国的平均水平。2014 年 1 月，北京、上海的互联网支付指数都超过了全国水平的两倍，浙江、广东和江苏也明显超过全国水平，只有山东的指数值是全国水平的 87%。其次，从发展的速度看，山东的支付业务增长速度慢于其他省市，也慢于全国的平均速度。尤其是在 2015 年 3 月之后，其他省市的支付业务进入了一个快速发展的时期，但山东支付业务发展的速度明显落后。与其他地区相比，山东的支付业务在 2014—2015 年发展的速度相对稳定，没有出现太大的起伏。因此，在一个较低的起点上开始出发，发展速度相对落后，山东的支付业务发展水平与发达地区以及全国平均水平的差距都逐渐扩大了。

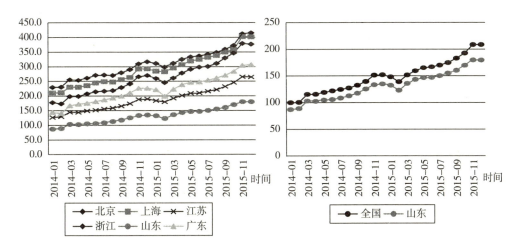

数据来源：北京大学互联网金融研究中心课题组．北京大学互联网金融发展指数〔R〕．2016，4.

图 4 - 2 部分省市第三方支付发展指数（2014—2015 年）

4.2.2 全省第三方支付机构

截至 2015 年底，全国共有 268 家支付机构（其中 1 家机构的许可证在 2016 年被撤销）拥有中国人民银行颁发的支付业务许可证，其中有 12 家的注册地在山东。这 12 家机构中，有 4 家没有独立的官方网站，或者网站上的内容几乎不能展示其业务内容。我们将剩余 8 家机构的业务开展情况梳理列表如表 4 - 1 所示。

根据对资料的梳理我们认为，山东第三方支付业务的发展总体上处于保守状态。

1. 第三方支付机构合规运营

佰通卡、百达通卡和山东一卡通在其官方网站上均公布了预付卡的业务流程，其中对于中国人民银行在支付业务中的各项规定都有明确体现。例如，在实名制管理方面，支付机构都会在购卡环节规定各种预付卡的资金限额、需要提供的身份证明；在防范预付卡套现和信用卡套现风险互相传递方面，支付机构规定现金购买的限额以及禁止使用信用卡购买预付卡等；在客户备付金管理方面，有的支付机构明确说明"将客户购卡资金按照国家监管部门对支付机构预付卡备付金的有关规定存入备付金账户，并确保备付金的资金安全"；在收费方面，支付机构明确说明了各项收费项目和收费标准。除此之外，支付机构还对当事人的权利、义务和违约责任等方面做出了相应规定。

2. 预付卡业务和网络支付业务发展态势截然不同

全省预付卡业务的主要用途都集中在公用事业缴费、商超、百货、餐饮美食、娱乐休闲、汽车服务等方面。为了提升用户体验，很多支付机构开发了手机 APP 或是网上商城，但总体来说，预付卡业务始终局限在支付业务上，并没有做出太大的拓展和延伸。相比较而言，山东各家支付机构的网络支付业务灵活性较高，山东电子商务综合运营有限公司开发的联行支付所提供的网银支付、担保支付等业务各具特色，在基本支付服务之外，通过专业技术手段措施降低支付过程中的信用风险和信息不对称程度，为相关业务方提供了内容更为丰富的金融服务产品。

表 4 - 1　　　　　　　　山东省第三方支付机构业务开展情况一览表

序号	机构名称	支付产品名称	业务类型及范围	支付业务特色	支付业务拓展
1	山东城联一卡通支付有限责任公司	城市一卡通	预付卡发行与受理（山东）	（1）卡成本 15 元，可充值，不记名，不挂失，不可透支，不可退卡 （2）使用场景包括商超、公交出租、娱乐、餐饮、加油、旅游、尾气检测等 （3）便利服务：上线"山东城联"APP 个人版，支持 NFC 功能的手机，下载 APP 可实现预付卡的自助充值、查询余额等业务 （4）实际使用范围：主要限于淄博	无
2	青岛百森通支付有限公司	佰通卡	预付卡发行与受理（青岛）	（1）存储介质包括磁条卡、IC 芯片卡以及其他电子存储方式 （2）预付卡购买须实名登记且要求提供购卡人有效身份证件；限额发行与管理；超过限额的，必须通过银行转账方式购买 （3）使用场景包括公用事业缴费、商超、百货、餐饮美食、娱乐休闲、汽车服务、加油	（1）提供网络预存支付账户"佰通宝"，除在佰通支付网站进行各项费用支付外，可通过信用卡充值实现小额账单分期付 （2）财富积分卡业务
3	青岛百达通支付服务有限公司	百达通卡	预付卡发行与受理（青岛）	（1）存储介质为磁条卡 （2）满足条件购卡须实名且提供身份证件，购卡金额满足条件必须购买记名卡 （3）向持卡人提供至少一种方式的 24 小时免费查询服务一年以内交易明细查询服务 （4）使用场景包括商超百货、餐饮娱乐、生活服务、文化旅游、健身医疗等	（1）上线百达通网上支付功能 （2）计划上线百达通积分系统

续表

序号	机构名称	支付产品名称	业务类型及范围	支付业务特色	支付业务拓展
4	山东高速信联支付有限公司	信联卡	互联网支付（全国）；预付卡发行与受理（五省市）	（1）芯片卡含两个电子钱包，无密码，成本费 10 元；磁条卡有密码，无费用 （2）办理记名卡或不记名卡金额达到要求的，需要提供身份证明 （3）使用场景包括高速公路缴费、餐饮、购物、加油、娱乐、保险、汽车服务	（1）信联网上商城 （2）信联 ETC 停车场
5	金运通网络支付股份有限公司		互联网支付（全国）	（1）支付场景包括电商购物、彩票理财、资金归集、手机游戏等 （2）支持中农工建等 33 家银行的而储蓄卡，单笔最高额度为 200 万元，涵盖了 90% 以上理财用户的支付需求	
6	易通支付有限公司		互联网支付、银行卡收单（全国）	（1）对个人提供信用卡还款、手机充值、支付宝订单支付、Q 币充值、公共事业缴费、山东一卡通圈存、银行卡余额查询等服务 （2）对商户提供批量付款、委托代收、集团账户等服务	移动支付
7	山东鲁商一卡通支付有限公司	山东一卡通	预付卡发行与受理（山东）	（1）提供多种卡型及联名卡 （2）办理记名卡或不记名卡金额达到要求的，需要提供身份证明 （3）应用场景包括餐饮、酒店、购物、休闲娱乐、美容美发、加油、医院药店、教育培训、旅游售票、生活服务、公共交通等	推出在线商城
8	山东省电子商务综合运营有限公司	联行支付	互联网支付（全国）	（1）收款类服务包括代收货款担保交易支付平台、担保收款、网银支付、联行账户支付、双接口支付、快捷支付、分账支付、委托代收款等 （2）付款类服务包括账户转账、委托结算、担保付款等	

注：本表所列资料均来自各支付机构的官方网站。

数据来源：公司金融研究中心。

4.3　P2P 网络借贷业务在山东的发展

P2P 网络借贷是山东省互联网金融中发展最为迅速的一种业务。2015 年，山东的 P2P

网络借贷平台数量增长迅速，网络借贷平台总数、当年新增平台数量等指标均在全国名列前茅。但与此同时，山东的问题平台也大量涌现，成为年度的"山东现象"。2015年9月28日，山东莱芜市莱城区法院对莱芜乐网贷案做出了一审判决，该案也被很多媒体称为山东P2P网络借贷第一案。乐网贷的创立者莱芜万顺商务咨询有限公司被判非法吸收公众存款罪，判处罚金30万元。公司实际控制人康刚因非法吸收公众存款罪被判处6年6个月有期徒刑，并处罚金20万元。乐网贷公关韩阳因非法吸收公众存款罪被判处2年有期徒刑，并处罚金4万元。莱芜万顺商务咨询有限公司被责令退还投资人1988万元。该案中莱芜万顺商务咨询有限公司利用P2P网络借贷平台，以高额回报（年利率为20%~24%）向社会公众吸收资金，涉及全国30个省市1000余人，涉案金额1亿余元，造成损失约3000万元。乐网贷的情况只是问题平台诸多类型中的一种。山东的问题平台频出既有宏观经济下行、股票市场价格波动等宏观经济环境的影响，也有山东传统金融供需失衡、网络借贷平台自身质量不高等地区性因素的影响。这一问题会在本节最后进行专门的分析。

4.3.1 P2P网络借贷行业发展状况

1. 山东正常运营P2P网络借贷平台

为了更加直观地了解全省2015年P2P网络借贷平台的发展状况，本报告将"网贷之家"、"网贷天眼"网站中统计的山东省P2P网络借贷平台进行汇总和分类，目前山东省正常运营P2P网络借贷平台共计198家。鉴于数据获取原因，本节中P2P网络借贷平台仅为"网贷之家"和"网贷天眼"公布的数据，而非全省的实际数据。

从省内正常运营P2P网络借贷平台的地域分布来看，青岛（41家）、济南（32家）和滨州（24家）三市正常运营平台约占省内正常运营平台总数的一半，占比分别达到20.71%、16.16%和12.12%。其次正常运营平台居多的地市是淄博、潍坊和济宁，而威海、德州、日照正常运营的平台数较少。实际上，威海、德州和日照三市P2P网络借贷平台的数量本就不多，P2P网络借贷平台多集中于原本民间借贷规模较庞大的地级市。

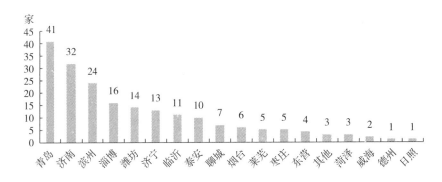

数据来源：网贷之家，网贷天眼，公司金融研究中心。

图4-3 全省正常运营P2P网络借贷平台地域分布（2015年）

山东正常运营P2P网络借贷平台的注册资金规模分布如图4-4所示，正常运营的P2P网络借贷平台在不同注册资金规模中均有分布，其中有60.61%的正常运营平台的注册资金规模在 1000 万~3000 万元，注册资金规模在 3000 万元以上的正常运营平台占比为 29.80%；注册资金规模在 501 万~999 万元的正常运营平台占比达 5.56%，由此可知，山东省正常运营 P2P 网络借贷平台的注册资金规模多在 1000 万元以上，这也在一定程度上说明注册资金规模较多的 P2P 网络借贷平台出现问题的概率较小。

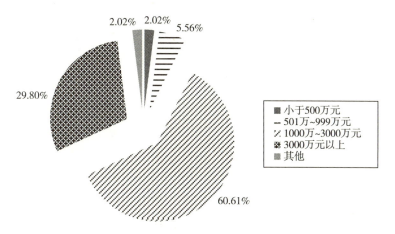

数据来源：网贷之家，网贷天眼，公司金融研究中心。

图 4－4 山东正常运营 P2P 网络借贷平台注册资金规模分布（2015 年）

2. 2015 年山东新增平台数量继续增加

图 4－5 显示，从全国范围看，在经历了 2013 年、2014 年平台数量数倍增加的爆发期后，2015 年平台数量增加速度出现了显著的下降。图 4－6 则显示，样本省市中的大部分地区 2015 年平台增加速度放缓。例外的只有上海和山东：上海 2015 年新增平台数量比 2014 年略多，山东的新增平台数量则大大超过了 2014 年的水平，增加的幅度位列全国第一，从而使山东在当年新增平台数量占比方面达到了又一个历史新高。

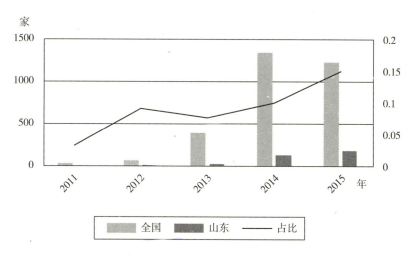

数据来源：网贷之家，公司金融研究中心。

图 4－5 山东与全国新增 P2P 网络借贷平台数量比较（2011—2015 年）

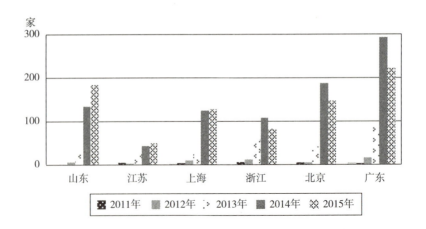

数据来源：网贷之家，公司金融研究中心。

图4-6　部分省市新增平台数量（2011—2015年）

在全国历年新增平台的地区分布方面，图4-7显示，2011年之前，新增P2P网络借贷平台主要集中在广东、上海、北京和江苏四个地区。2011年之后，新增平台数量的地区分布有均匀化的趋势。具体到每一个地区，其每年新增平台占比有升有降，而且样本省市整体新增平台占比有逐年下降的势头。在2015年全国新增平台中，广东的平台占18%多一点，山东紧随其后占比接近15%，北京占比接近12%，排在第三，上海占比超过10%，排在第四。经过5年的发展积累，截至2015年，山东的网络借贷平台数量达到355个，在全国名列第三，仅次于广东和北京，具体数据如图4-8所示（按照第一网贷的统计数据，山东的平台数量比广东多、比北京少，位列全国第二）。

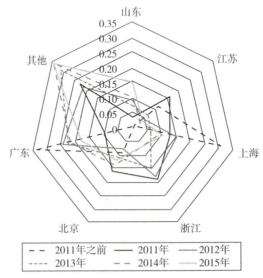

注：广东省在2011年之前的平台数量占比实际为50%，为了图片显示的效果，我们未将其超过35%的部分足值显示。

数据来源：网贷之家，公司金融研究中心。

图4-7　部分省市新增P2P网络借贷平台数量全国占比（2011—2015年）

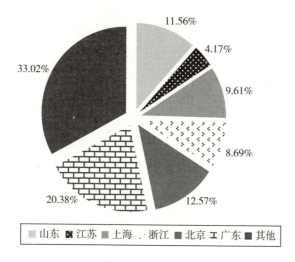

数据来源：网贷之家，公司金融研究中心。

图 4 - 8　全国 P2P 网络借贷平台地区分布（2015 年）

3. 2015 年山东省运营平台平均注册资本绝对水平上升、相对水平下降

与 2014 年平均注册资本 2062.70 万元的规模相比，2015 年全国运营平台的平均注册资本规模上升到了 3847.71 万元。与此同时，山东地区的平台注册资本的平均值也由 2014 年的 1161.41 万元增加到了 2015 年的 1923.49 万元。但是如果将全国的平均水平作为参照的话，山东平台的平均注册资本水平出现了显著的降低。不仅如此，通过图 4 - 10 的横向比较可以看出，在平台平均注册资本这一指标上，山东不仅落后于总注册资本排名高于自己的四个省份，还大大落后于总注册资本排名比自己靠后的江苏。这说明，在没有明确监管细则的情况下，山东的平台设立门槛十分低，这一方面会导致某些管理水平不高的平台因为监管套利的原因选择山东作为注册地，拉低了全省平台的整体质

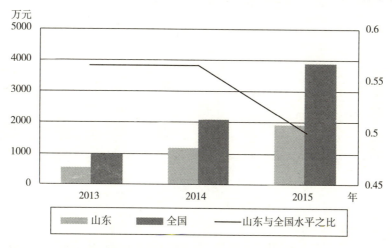

数据来源：第一网贷，公司金融研究中心。

图 4 - 9　全省运营平台平均注册资本规模与全国比较（2013—2015 年）

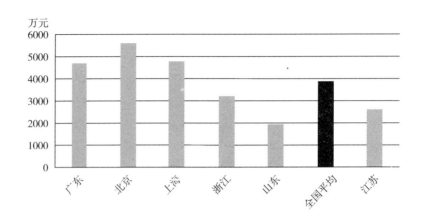

数据来源：第一网贷，公司金融研究中心。

图4-10 部分省市运营平台平均注册资本规模比较（2015年）

量；另一方面，这种注册资本偏低的状况也会导致发生流动性困难时，平台回旋的余地比较小，客户受到保障的程度较低。

4. 山东平台平均成交额继续下降

从图4-11可以看出，自2013年以来，山东省P2P网络借贷平台的总成交额在逐渐放大，但是平均成交额却在逐年萎缩。考虑到山东每年的平台总数中，当年新增平台的数量占比都超过一半，我们判断这种结果主要是由于新增平台交易活跃度不高造成的。新增平台的质量问题在我们分析平台平均注册资本指标时已有显现。两个指标相互印证得出的结论是，山东省每年新增平台的质量参差不齐，部分平台的质量可能非常差。图4-10显示了平台交易总额以及平台平均交易额的全国数据。总体来看，全国平台的成交总额逐年增长，平均成交额则在经历了2014年的下降后在2015年恢复增长。这说明，山东的问题是特有的，而并非全国的普遍情况的反映。

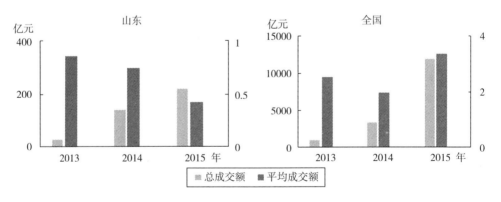

数据来源：第一网贷，公司金融研究中心。

图4-11 山东与全国P2P平台总成交额及年平均成交额变化（2013—2015年）

5. 融资价格水平呈下降态势

2015年，中国经济面临结构调整中出现的下行压力，稳健的货币政策保证了流动性的充裕和资金面的相对宽松。与 2014 年相比，2015 年中国的政策利率水平以及市场基准利率水平（以 Shibor 为代表）呈现下降态势，融资成本下行。这在 P2P 网络借贷平台融资的价格上也有相应的体现。图 4 - 12 显示，自 2013 年起，无论在山东还是全国，P2P 网络借贷利率一直呈下降趋势。但是，如果按照利率水平从低到高进行排序的话，山东在全国的排名从 2013 年的 17 名下降到 2014 年的 24 名以及 2015 年的 27 名。山东的 P2P 网络借贷平台在全国的各种指标排名中，融资价格这一项的排名最为落后，并且 2015 年以及 2014 年两年与 2013 年相比有进一步下降的态势。这一态势反映出，山东的民间金融活动的资金供求关系较为紧张、融资成本较高，或者投机氛围较为浓厚。

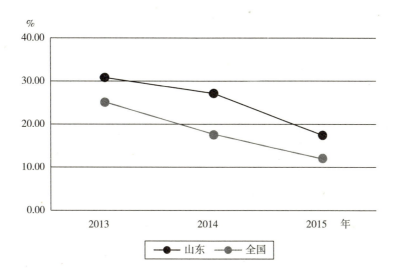

数据来源：第一网贷，公司金融研究中心。

图 4 - 12　山东与全国 P2P 网络借贷利率年度变化（2013—2015 年）

6. 山东平台的平均融资期限延长

自 2013 年起，全国 P2P 网络借贷平均期限从 3.98 个月一直延长到 2015 年 6.22 个月；同期，山东省的网络借贷平均期限从 2.67 个月增长到 3.6 个月，但即使延长后的平均期限仍比全国平均期限短 2.6 个月。如果按照期限长短从长到短进行排序的话，山东在全国的排名从 2013 年的第 8 名下降到 2014 年的第 15 名以及 2015 年的第 21 名。山东排名的相对位置从 2013 年的前三分之一下降到 2014 年的中间三分之一，又下降到 2015 年的后三分之一。在全国排名位次不断下移的这一情况反映出，山东省的 P2P 网络借贷平台在融资期限这一指标上的相对水平在不断下降。这种状况与山东省 P2P 网络借贷平台在融资价格这一指标上的表现基本相似，值得我们关注。

7. 山东问题平台居全国首位

从全国的水平来看，自 2011 年以来，每年新增平台中问题平台的占比始终在 0.5 的水平上下波动，而山东则是在 0.8 的水平附近徘徊，比全国的水平高出 60%，始终位于样本省市的最高位。与山东的情况形成鲜明对比的是，P2P 网络借贷业务比较发达的三

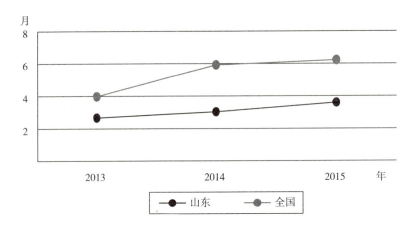

数据来源：第一网贷，公司金融研究中心。

图4-13 山东与全国P2P网络借贷期限年度变化（2013—2015年）

个地区（广东、北京、上海），其问题平台占比始终低于全国平均水平，也是在样本省市中水平最低的。

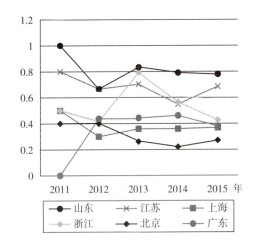 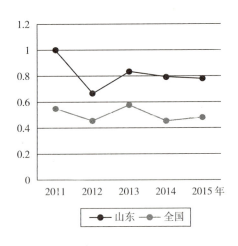

数据来源：网贷之家，公司金融研究中心。

图4-14 部分省市历年新增平台中问题平台占比情况（2011—2015年）

综合2015年山东省的P2P网络借贷业务在新增平台数量、注册资本、成交量、平台网贷利率、平台平均融资期限以及新增平台中问题平台占比六个指标的表现，可以得出以下结论：

第一，在所有的总量或价格指标方面，山东的绝对值都在上升或者优化，这种上升或优化的趋势与全国P2P网络借贷业务的表现是一致的。[①] 尤其在2015年新增平台数量这一指标上，山东领先于所有P2P网络借贷业务发达地区，也领先于全国的水平。

---

① 这一结论对于新增平台中问题平台占比这一指标有不太显著的例外，2015年山东新增平台中问题平台占比的情况略好于2014年，但全国的数据在这一指标上略有恶化。

第二，在大部分平台平均指标方面，山东的绝对值都在上升或优化，但是与全国的平均水平相比，却是下降或退步的，主要表现为山东在全国的排名呈下降之势。这些指标包括平台平均注册资本、平均网络借贷利率以及平均融资期限。

第三，在平台平均成交量这一指标上，全国平台平均成交额上升；同时，山东的水平逆势下降。这一情况表明，每年都有大量的新平台在山东上线，但是其总体的交易活跃度是在下降的。

4.3.2 行业的市场结构特点

前文通过纵向以及横向的视角，对山东省 P2P 网络借贷业务在 2015 年的发展进行了分析。其中，新增平台的质量问题值得关注。因此，下文将从注册资金规模、平均收益率、平台保障措施、资金托管情况以及债权转让规定五个方面，对山东省 2015 年新增平台市场结构特点进行分析。这些分析也参照了全国 2015 年新增平台的市场结构数据。如无特别说明，本部分对于 P2P 网络借贷业务的分析均指的是年度新增平台情况。

1. 平台的注册资本规模显著提升

在 2015 年新上线的 P2P 网络借贷平台中，以注册资本表示的平台规模相比 2014 年出现了显著的增加。注册资本超过 1000 万元的平台在这两年的占比变化不大。注册资本在 1000 万元到 3000 万元的平台占比为 53%，注册资本在 3000 万元以上的平台占比为 35%，这两个比例在 2014 年的数字分别是 67% 和 20%。这一变动反映出 2015 年山东新增大平台较多。

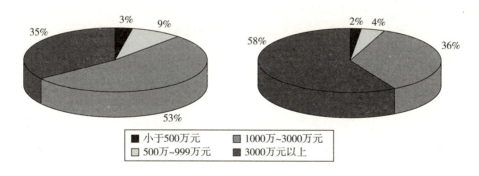

数据来源：网贷之家，公司金融研究中心。

图 4－15 山东（左）与全国新增平台注册资本规模分布（2015 年）

但如果我们对比全国 2015 年新增平台的情况就会发现，山东大平台的增长速度要远远落后于全国的水平。从全国范围看，注册资本在 1000 万元到 3000 万元的平台占比为 36%，注册资本在 3000 万元以上的平台占比为 58%，这两个比例在 2014 年分别是 49% 和 41%。从数量级的角度看，全国在 2015 年的新增平台的注册资本主要集中在 3000 万元以上这个水平，而山东仍停留在 1000 万元到 3000 万元这个区间内。

2. 平台的融资利率分布优化程度明显

从平台的融资利率分布来看，山东在 2015 年出现了明显的结构性调整。2015 年新增平台中，利率在 16%～20% 的平台占比为 52%，利率超过 20% 的平台占比为 25%。

在 2014 年，这两个比例分别为 21% 和 41%，即 2015 年山东新增平台的融资利率主要处在 16% ~ 20%，而在 2014 年主要处在 20% 以上的利率区间内。

与全国相比山东网贷利率仍然偏高。2015 年全国新增平台中 35% 的平均融资利率都在 12% ~ 16% 的区间内，这个数字与 2014 年的数字变化不大；29% 的平台融资利率在 8% ~ 12% 的区间内，这一比例在 2014 年还只有 16%；只有 7% 的平台融资率超过了 20%，而在 2014 年这一比例高达 19%。

此外，从信息透明度的角度看，2015 年融资利率公开且被纳入网贷之家统计的山东平台仅占新增平台总数的比率不足 40%，2014 年这一比例为 53%。从全国的水平看，2015 年这一比例为 53%，2014 年的数据则为 82%。即全国平台利率信息透明度大幅下降，山东下降的幅度相对较小。

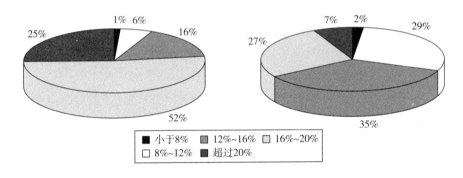

数据来源：网贷之家，公司金融研究中心。

图 4 – 16　山东（左）与全国新增平台平均收益率分布（2015 年）

3. 新增平台的保障比率相对较低

从保障措施来看，2015 年山东新增平台中有保障措施的占到总数的 42%，在全国这一比例为 61%。从保障措施的类型看，平台垫付仍是平台选择保障措施中占比最高的，其次是风险准备金，这一点山东与全国的情况基本一致。此外，同一平台采取两种或两种以上保障措施的，在山东有 57 家，在有保障措施平台总数的占比超过 70%；在全国则有 479 家平台的保障措施不止于一种，在有保障措施平台总数的占比为 63%。

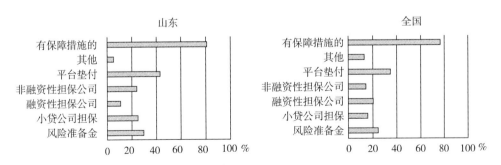

数据来源：网贷之家，公司金融研究中心。

图 4 – 17　山东与全国新增平台保障措施分布（2015 年）

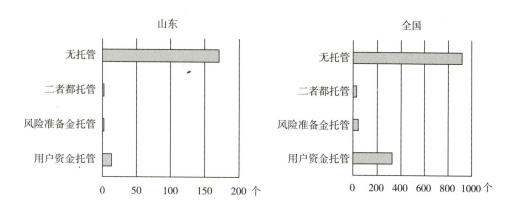

数据来源：网贷之家，公司金融研究中心。

图 4 - 18　山东与全国新增平台资金托管措施分布（2015 年）

4. 新增平台的资金托管比率相对较低

从资金的托管措施来看，2015 年山东新增平台的托管比率为 7%，相较于 2014 年 17% 的比率下降了 10 个百分点。从全国的水平来看，新增平台的托管比率为 27%，相较于 2014 年 38% 的比率下降了 11 个百分点。纵向来看，2015 年新增平台的资金托管比率较 2014 年有明显的下降，山东的下降速度更快；横向来看，无论 2015 年还是 2014 年，山东平台的资金托管比率都远远低于全国的水平。

5. 新增平台的流动性提高

以债权转让的时间限制来考察平台的流动性，山东的平台中，占比最大的仍是不可转让的平台，比例为 48%，比 2014 年的 61% 下降了 13 个百分点；占比其次的是能够随时转让的平台，比例为 39%，比 2014 年的 24% 上升了 15 个百分点。这种流动性的年度增强态势在全国的数据中也得到了体现。

通过前文数据分析可见，与 2014 年相比，2015 年山东新增平台的注册资金规模增加、融资成本下降、平台流动性增加，但资金托管的比率下降。与全国的同期水平相

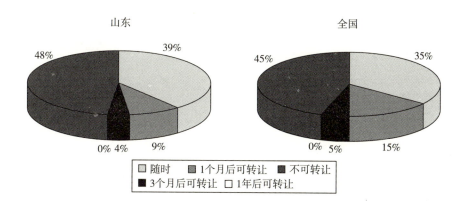

数据来源：网贷之家，公司金融研究中心。

图 4 - 19　山东与全国新增平台资金托管措施分布（2015 年）

比，除流动性指标外，山东的平台在其余指标上的表现均落后于全国的平均水平。这些分析进一步证实了山东 P2P 网络借贷业务质量与全国的平均水平相比有明显差距，新增平台的质量有限是重要的原因。

4.3.3 行业的年度发展态势

本部分将聚焦 2015 年内山东省 P2P 网络借贷业务的月度数据，通过横向比较展示行业发展的年度特征。

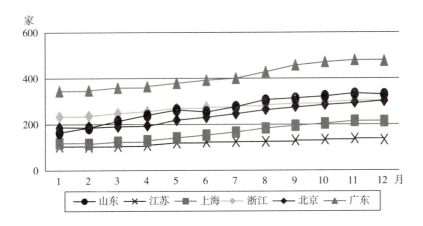

数据来源：网贷之家，公司金融研究中心。

图 4－20 部分省市 P2P 网络借贷平台数量月度变化（2015 年）

从平台数量来看，山东 P2P 网络借贷平台在 2015 年内呈快速增长态势，增长速度仅次于湖北，明显高于其他省市。在 1—5 月的区间内，山东平台每月的增加数量超过全年平均水平，也超过了其他七省市在同期的增长。但这个增长势头在 6 月受到了明显的抑制，P2P 网络借贷平台数量在 6 月出现了减少。从问题平台的月度分布情况看，6

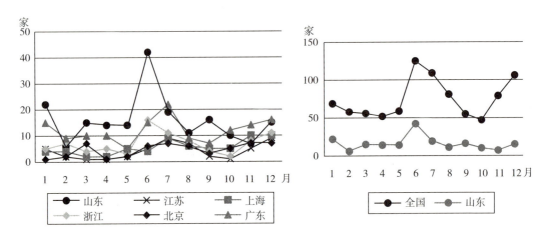

数据来源：网贷之家，公司金融研究中心。

图 4－21 部分省市 P2P 网络借贷问题平台的月度变化（2015 年）

月也是一个特殊的时点，在这个月，山东问题平台的数量出现爆发式增长，数量占到全国同期问题平台数量的三分之一强。并且，在出现问题的平台中，有接近一半（18家）是2015年当年刚刚上线的新平台，这18家平台中有10家跑路2家停业。从时间分布和问题平台的类型推测，6月问题平台增多与2015年前5个月新上线平台数量增长过快有很大关系。

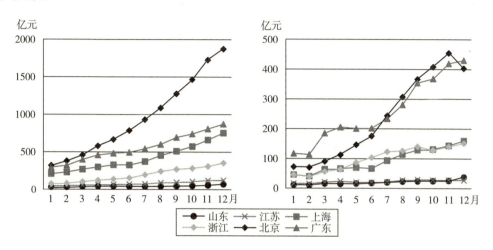

数据来源：网贷之家，公司金融研究中心。

图4－22 部分省市P2P网络借贷平台贷款余额（左图）和成交量（右图）月度变化（2015年）

从贷款余额的月度数据看，山东省P2P网络借贷余额全年呈增长态势，但在2月、6月和7月三个月份出现了环比的下降。与北京、浙江等地贷款余额增长速度数倍于平台数量增长速度的情况相比，山东平台贷款余额增长速度基本与平台数量增长速度持平。从平台成交量看，除在2月和4月有成交量的萎缩外，每月环比呈增加态势。但与北京、广东、浙江、上海等省市相比，山东平台整体活跃度和流动性的提升速度仍有欠缺。

从综合利率的水平看，山东的综合利率在2015年基本呈下降态势，但与其他七省市相比，该利率仍处于相对高位。由于山东的平均借贷期限在2015年维持在3个月左右，因此我们把山东的综合利率与同期上海银行间3个月同业拆放利率的走势进行比较。从利率水平看，山东的综合利率高于上海银行间3个月同业拆放利率的4倍；从利率的走势看，二者的相关系数约为0.88，相关性极高。

从平台参与人数统计看，2015年12个月山东网络借贷平台吸引投资人数呈上下波动态势。与1月投资人数相比，12月人数有所减少。在样本省市中，山东是唯一一个年末投资人数少于年初人数的地区。2015年在山东P2P平台进行借款的人数，除了在2月有大幅度下降外，其余月份均呈环比增加的态势。

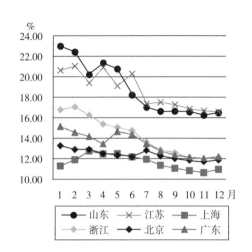
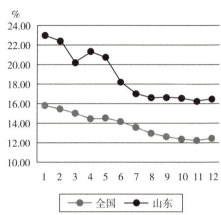

数据来源：网贷之家，公司金融研究中心。

图4-23　部分省市P2P网络借贷平台综合利率月度变动（2015年）

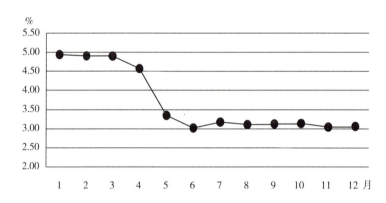

数据来源：全国银行间同业拆借中心官方网站，公司金融研究中心。

图4-24　3个月SHIBOR走势（2015年）

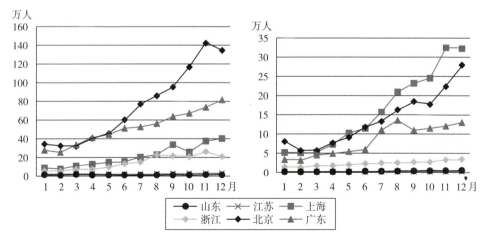

数据来源：网贷之家，公司金融研究中心。

图4-25　部分省市P2P网络借贷平台投资人数（左图）和借款人数（右图）月度变化（2015年）

4.4　众筹融资在山东的发展

2015 年是众筹融资业务快速发展的一年，同时也是众筹融资的制度环境大幅度完善的一年。在这一年，为了规范众筹融资活动的发展，十二届全国人大常务委员会第十四次会议审议了《证券法》的修订草案。监管部门以及行业协会纷纷作出反应，明确了众筹融资中的部分重要的概念，各地方规范发展众筹融资的文件也相继出台。

4.4.1　众筹概念的重新界定

2015 年 4 月，十二届全国人大常务委员会第十四次会议审议了《证券法》的修订草案，规定股权众筹将纳入新《证券法》，为金融创新提供法律支持。同年 8 月 3 日，中国证监会致函各省级人民政府，规范通过互联网开展股权融资活动，同时部署对通过互联网开展股权融资中介活动的机构平台进行专项检查。在相关文件中，中国证监会界定了股权众筹，"众筹融资主要是指通过互联网形式进行公开小额股权融资的活动，具体而言，是指创新创业者或小微企业通过股权众筹融资中介机构在互联网平台（互联网网站或其他类似的电子媒介）公开募集股本的活动。由于其具有'公开、小额、大众'的特征，涉及社会公众利益和国家金融安全，必须依法监管。未经国务院证券监督管理机构批准，任何单位和个人不得开展股权众筹融资活动。目前，一些市场机构开展的冠以'股权众筹'名义的活动，是通过互联网形式进行的非公开股权融资或私募股权投资基金募集行为，不属于"十部委意见"规定的股权众筹融资范围。根据《公司法》、《证券法》等有关规定，未经国务院证券监督管理机构批准，任何单位和个人都不得向不特定对象发行证券、向特定对象发行证券累计不得超过 200 人，非公开发行证券不得采用广告、公开劝诱和变相公开方式。中国证监会正在研究制定通过互联网进行非公开股权融资的监管规定。根据《证券投资基金法》、《私募投资基金监督管理暂行办法》等有关规定，私募基金管理人不得向合格投资者之外的单位和个人募集资金，不得向不特定对象宣传推介，合格投资者累计不得超过 200 人，合格投资者的标准应符合《私募投资基金监督管理暂行办法》的规定。"

2015 年 8 月，中国证券业协会发文称，根据中国证监会《关于对通过互联网开展股权融资活动的机构进行专项检查的通知》精神，将《场外证券业务备案管理办法》第二条第（十）项"私募股权众筹"修改为"互联网非公开股权融资"。

根据上述文件规定，我们所研究的作为互联网金融一种业态的众筹融资被分成了两部分：一部分是通过互联网进行的股权众筹，即公募股权；另一部分是互联网非公开股权融资，在山东省金融办《关于开展互联网私募股权融资试点的意见》中称为互联网私募股权融资。截至 2015 年年底，山东省尚没有出现符合国家标准的股权众筹，因而，本报告所涉及的山东省众筹业均属于互联网非公开股权融资业务的范畴。

4.4.2 山东股权众筹发展的政策环境

2015 年 4 月，山东省金融办主任李永健在齐鲁股权交易中心众筹平台发布暨泰安运营中心成立仪式上发表讲话，明确表示山东将会大力发展众筹业务，弥补曾经在金融发展中失去的诸多机遇。

2015 年 8 月，山东省金融办发布了《关于开展互联网私募股权融资试点的意见》（以下简称《意见》），从总体要求、互联网私募股权融资平台的设立条件与业务规范、融资者的行为与责任、投资者适当性制度、政策支持和保障措施六个方面提出了 22 条意见。这一文件与中国证监会在 2014 年颁布的《私募股权众筹融资管理办法（试行）（征求意见稿）》（以下简称《办法》）相比，在众筹平台的准入和行为规范以及融资者和投资者的资质和行为要求等方面原则基本一致。在融资平台的准入方面，山东省金融办同时发布的《互联网私募股权融资平台试点方案报送指引》设立的要求是"中国境内依法设立的公司，净资产一般不低于 1000 万元人民币"，比中国证监会《办法》的要求高；在投资者条件方面，山东省的《意见》只是提到了平台应"对投资者在金融资产收入、风险承担能力、投资交易经历、诚信状况等方面设立准入门槛"，且"投资者对单个投资项目投资不得超过项目融资总额的 10%，对多个项目的投资累计不超过投资者现有金融资产的 50%"，并没有像中国证监会《办法》中直接规定投资者的限制条件，例如"投资单个融资项目的最低金额不低于 100 万元人民币"或是"金融资产不低于 300 万元人民币或最近三年个人年均收入不低于 50 万元人民币"（2015 年，中国证监会在修改《办法》时，放宽了这些条件）。

济南市人民政府在 2015 年 9 月发布了《关于促进服务业加快发展的意见》，其中在金融业部分也提出"支持互联网企业依法合规设立互联网支付机构、网络借贷平台、股权众筹融资平台、网络金融产品销售平台"来"发展高端和新兴金融业态"。

2015 年 12 月，青岛市人民政府印发了《关于加快众创空间建设支持创客发展的实施意见》和《加快众创空间建设支持创客发展若干政策措施》，并规划了近 5 亿元财政专项资金用于助力"三创"发展。在文件中，青岛市明确提出要"推进互联网股权众筹和实物众筹，在信用良好、运行规范的股权众筹平台开展创客众筹融资试点"。

以上地方性文件在 2015 年下半年才出台，其对于众筹融资的推动作用也需要等到 2016 年才能显现。但是在国际合作方面，山东省在股权众筹领域的持续推动已经取得了阶段性成果。2015 年 10 月，中国人民银行宣布，中韩金融合作取得新进展，双方同意将在青岛市开展的企业自韩国银行机构借入人民币资金试点推广到山东全省，以降低中国企业融资成本，便利韩国银行机构有效管理其人民币资金；同时，双方考虑在山东省开展股权众筹融资试点，推进山东省区域性股权市场和韩国科斯达克（KOSDAQ）市场合作。这样的政策平台为处于成长期的山东股权众筹业提供了更为广阔的空间。

4.4.3 山东股权众筹的发展现状

2015 年是山东省互联网非公开股权融资（以下简称股权众筹）的开端之年。根据我们对公开资料的收集和整理目前正在运营的股权众筹平台都成立于2015年，且多为综合性平台。

1. 上线平台和融资金额取得突破

表4-2 山东股权众筹平台一览表（2015年）

序号	平台名称	上线时间	业务种类	注册地
1	齐鲁股权交易中心众筹平台	2015-09	私募股权、私募债券、产品融资、公益捐赠	淄博
2	信蓝筹	2015-06	股权	青岛
3	U众投	2015-03	股权	东营
4	绿天使	2015-09	股权、债权众筹	青岛
5	好众筹	2015-12	股权、产品众筹等	日照
6	一起做东	2015-08	股权、产品众筹等	青岛
7	聚梦空间	2015-05	股权、公益众筹等	青岛
8	智诚客	2015-03	股权、奖励众筹等	济南

注：本表展示的信息均来自各众筹官方网站的公开资料。

数据来源：公司金融研究中心。

在上述涉及股权众筹业务的平台中，除信蓝筹外，其余平台均能正常浏览查询。根据各网站公开显示的资料，我们从融资金额、运营规范、平台透明度三个方面对以上股权众筹平台的情况进行了详细调研。表4-3显示2015年山东股权众筹业务有明确成交金额且具体项目融资情况可查的共计三家平台，且成功融资总额均突破了1000万元。

表4-3 山东股权众筹平台融资金额（2015年） 单位：万元

序号	平台名称	融资总额	项目的具体情况在平台是否公开	说明
1	U众投	1407.59	是	项目资料详细，投资人跟投信息详细
2	聚梦空间	1220	是	另有2个共计1800万元的股权融资项目在2015年底上线，但未在年末完成
3	齐鲁股权交易中心众筹平台	1430	是	但部分项目的详细信息显示不清，无法判断融资活动是否都在2015年内完成

注：具体数据均来自各众筹官方网站的公开资料。

数据来源：公司金融研究中心。

2. 平台运营的规范程度差异显著

虽然2015年关于股权众筹业务的正式监管条例仍旧没有落实，但2014年底中国证券业协会发布的《私募股权众筹融资管理办法（试行）（征求意见稿）》可以作为一个参照。在使用这个参照时，我们没有考虑其规定的细节之处。例如，合格投资者的门槛一直是业界争论的焦点，中国证券业协会也在讨论降低关于投资者单个项目投资额度、金融资产规模等方面的限制。毕竟，正式的监管条例尚未出台，而各地的地方政策口径也不统一。因此，我们只考虑使用《私募股权众筹融资管理办法（试行）（征求意见稿)》中提出的规范框架，即从投资者及融资者规范、平台规范和信息披露等几个方面，对山东省的股权众筹平台的情况做一梳理。

表 4-4　　　　　　　　　　山东股权众筹平台规范运营情况（2015 年）

序号	平台名称	投资者、融资者规范	平台规范	信息披露	风险控制措施
1	齐鲁股权交易中心众筹平台	《齐鲁股权交易中心互联网私募股权融资平台投资人业务规则（试行）》设置了合格投资者的确认标准，并明确规定了领投人和跟投人的权利义务 《齐鲁股权交易中心投融资平台融资人业务规则（试行）》规定了融资人的权利义务及禁止行为	《齐鲁股权交易中心投融资平台融资业务规则（试行）》对平台的中介定位清晰	项目本身的资料、融资信息等比较齐全，项目融资的动态信息不完善	设有甄选按合作机构、风控部全面审查等 8 个审核工序，5% 风险保障金及担保机构
3	U 众投	《投资责权协议》对投资人的资质、权益与职责有一般性的规定，没有涉及资产、收入、投资限额等内容，对领投人的资质要求稍高 《风险须知》提示投资人 10 种常见风险 《项目方须知》对融资人的资质提出了较为简单的要求	有关于平台背景和业务的一般性说明	项目本身的资料、融资信息等比较齐全，项目融资的动态信息较完善	专业投资人领头、100% 资金托管、1000 万元风险保障金、14 道项目审核程序
4	绿天使	《青岛绿天使创业孵化器有限公司风险揭示书》向投资者提示风险	定位于战略性新兴产业的专业创业孵化平台	项目本身的资料、融资信息等比较齐全，项目融资的动态信息不完善	没有
5	好众筹	《投资风险揭示书》向投资人提示风险 《服务介绍》对发布项目有一般性要求	有关于平台背景和业务的一般性说明	项目本身的资料、融资信息等比较齐全，有关于项目融资动态信息	没有
6	一起做东	《服务介绍》对发布项目有一般性要求	有关于平台背景和业务的一般性说明	项目本身的资料、融资信息等比较齐全，项目融资的动态信息较完善	没有

续表

序号	平台名称	投资者、融资者规范	平台规范	信息披露	风险控制措施
7	聚梦空间	《聚梦空间股权投融资平台投资人规则》设置了合格投资者的确认标准，并明确规定了领投人和跟投人的权利义务《聚梦空间股权投融资平台融资人规则》规定了融资人的权利义务及禁止行为	《融资信息披露规则》对平台的督导作用提出明确要求	《融资信息披露规则》对项目的信息披露提出明确要求项目本身的资料、融资信息等比较齐全，项目融资的动态信息较完善	没有
8	智诚客	《项目规范》对发布项目有一般性要求	有关于平台背景和业务的一般性说明		没有

注：本表展示的信息均来自各众筹官方网站的公开资料。

数据来源：公司金融研究中心。

通过表 4-4 的内容可以看出，各平台运营的规范程度差异较为明显，在投融资者要求方面，尤其是对投资者的资质方面有专门规定并明确其资产或收入或投资限额标准的平台只有三家。同时，这三家平台也是在 2015 年成功融资金额最大的三家平台。此外，齐鲁股权交易中心众筹平台和 U 众投在风险控制手段方面有明确的安排，齐鲁股权交易中心众筹平台和聚梦空间则在平台定位方面做得较好。综合来看，齐鲁股权交易中心众筹平台借助其国资背景和区域性股权交易中心的基础，在省内股权众筹平台中各项指标均名列前茅。

3. 股权众筹平台全国影响力小

网贷之家联合盈灿咨询发布的《2015 年全国众筹行业年报》显示：2015 年全年，全国众筹行业共成功筹资 114.24 亿元，其中，非公开股权融资占比为 45.43%，为 51.90 亿元。同时，2015 年全国正常运营的非公开股权融资平台有 130 家，当年的融资项目为 7532 个，当年的融资金额为 51.90 亿元，实际项目完成率为 19.14%，投资人次为 10.21 万人。根据这些数据，我们可以估算出全国股权众筹平台在 2015 年平均成功筹资金额在 4000 万元左右，山东平台的成果显然比这一平均水平差得多。

壹零财经发布的《2015 中国互联网众筹年度报告》中，将融资金额最多的前 21 家平台进行了展示。2015 年全国股权众筹平台融资金额最高的是京东东家，融资金额为 7 亿元；排在第 21 位的是牛投融资，金额高达 5500 万元。与这些平台相比，山东的平台在融资规模上显然还太小。

当然我们也要考虑到，造成这一结果的原因是多层次的，一方面，全国的股权众筹平台筹资金额呈现高度集中状况，这一情况大大抬高了全国的平均水平；另一方面，山东的平台大都是在 2015 年下半年才开始运作，其成果很难与那些运营数年或是拿到股权众筹牌照的大平台相提并论。

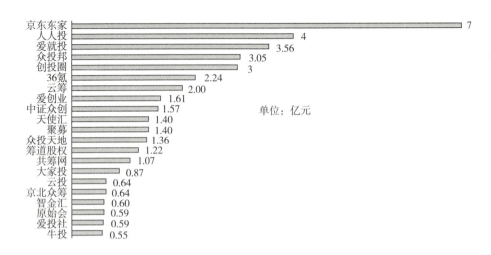

数据来源：壹零财经，2015 中国互联网众筹年度报告［R］. 2016，2.

图 4 – 26　全国股权众筹平台融资金额（2015 年）

根据中关村众筹联盟和融 360 大数据研究院联合发布的《2016 中国互联网众筹行业发展趋势报告》，截至 2015 年 12 月，全国正常运营的股权众筹平台共有 125 家，分布在 18 个省市地区，其中北京、广东、上海三地的平台数量位居前三位，三地的平台数量之和占全国总数的比重接近四分之三，平台的地区聚集效应十分明显。

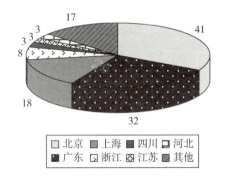

数据来源：中关村众筹联盟，融 360 大数据研究院. 2016 中国互联网众筹行业发展趋势报告［R］. 2016，1.

图 4 – 27　全国股权众筹平台地区分布（2015 年）

从图 4 – 27 显示的数据来看，纳入该报告统计的山东地区的股权众筹平台数量不足 3 家，显然我们在表 4 – 2 中所列的平台并没有完全被纳入统计范围。在众筹咨询领域较为著名的门户如网站众筹家、众筹之家、众筹第三方等机构的调查研究中，其收录的山东地区的股权众筹平台数量一般在 5 个左右。这些情况从另一个方面说明了山东的股权众筹平台在全国的影响力和知名度是相对有限的。

第 5 章　山东互联网金融发展中的问题

尽管经过近几年的发展，山东互联网金融已经初具规模，在部分领域中形成了山东特色，但通过分析比较，尤其是与经济发展较快、互联网金融发展较好的地区相比，山东的问题仍然非常明显。

5.1　互联网金融平台增量不提质

通过第 4 章的分析，我们对山东省互联网金融的发展有了一个较为具体的认识。总体来看，无论哪一种业务模式或业务领域，山东尚未完全脱离数量型增长的模式。互联网金融机构在业务选择、市场份额、风险控制、提高服务质量以及机构之间的关联与合作等方面，尚未有突出的表现和成绩。

5.1.1　第三方支付业务模式亟待突破

目前在国内第三方支付业务中处于第一梯队的机构，经营范围早已经超出支付业务范畴。支付宝、财付通、拉卡拉、快钱、汇付天下等强势品牌，依靠各自母公司的资源，从不同的优势角度拓展出了各具特色的金融服务模式。通过企业账户托管、企业或个人征信、小微或个人授信、财富管理等一系列金融业务的拓展，这些机构以支付业务为基础衍生出一系列的金融业态。但是无论这些模式的特点如何，这些金融服务模式首先聚焦于可以催生出足够金融需求的场景，让平台客户产生投资理财的欲望，然后建立一个合格的通道，有效地把不同风险偏好与资质的客户引入对应的资产项目。部分支付机构已经完全跨过了银行快捷支付通道，直接将沉淀在自身虚拟账户体系内的存量资金，通过自有支付通道连接资产方。财付通是依靠社交资源拓展金融业务的典型代表。在 2015 年的最后一个晚上，微信红包收发总量达 23.1 亿次，中国人爱发红包的习惯大大提升了零钱账户余额的存量。与此相似，支付机构建立各种场景，将这些成百上千亿元的沉淀资金，引入合作金融机构的产品账户，并收取相应的通道费用。拉卡拉和快钱则是在线下收单业务具备优势的典型代表，它们除了代销合作金融机构发行的可随时申购赎回的低风险理财产品外，还依靠自身积累多年的企业流水数据，做起了信贷业务，并把这一部分企业债权资产做成定期理财产品（包括企业转让的债权或债权收益权；股权交易中心或金融资产交易中心发行的理财计划、直接债务融资产品）。2015 年全年，拉卡拉的平台交易规模突破了2.7万亿元。

山东第三方支付机构在业务许可方面几乎覆盖了所有的业务领域：互联网支付、银行卡收单、预付卡发行预受理。这在监管当局收紧许可证发放、严格首批支付牌照续展、不断规范支付机构行为的背景下，应该成为山东支付业务发展的优势，但目前，这种优势尚未充分发挥出来。对于持有预付卡牌照的支付机构来说，目前的市场环境对其发展十分不利：一方面，反腐压力和实名制要求不同程度地影响了机构业务的拓展；另一方面，线下购物商场正在进行互联网化转型，加上经济下行，进一步压缩了预付卡的生存空间。与此同时，支付机构既没有深度挖掘预付卡业务的盈利空间，也没有在预付卡支付的基础上进行有效的业务延伸。国外的支付机构就发展出了与个人绑紧的预付卡业务模式。例如在美国，公司通过预付卡发工资，紧急小额需求也可以实现取现；在欧洲，公司则通过预付卡发放福利、书报费、洗理费等，每一张卡功能不同，专项细分很高，以此减少成本。就互联网支付机构来说，其业务链条扩展有限，尚没有形成在全国或区域内有影响力的支付品牌。

5.1.2　P2P网络借贷平台质量有待提升

前文分析已经提到，尽管2015年山东P2P网络借贷平台数量无论在增量还是存量方面都在全国排到前三名，但是从规模、流动性、风险控制措施、问题平台比例等各项指标来看，平台的质量始终未能达到全国的平均水平，其中新增平台的质量欠佳是一个重要原因。山东P2P网络借贷业务的这种弱势已经引起社会的关注，这大大影响了该行业的信誉。这种结果对于以信誉为基础的金融业务是十分不利的。有关部门应该认真思考，我们应该通过什么样的渠道建立合理的准入门槛，还是通过加强信息透明度的方式加速这一行业的优胜劣汰。

在网络贷款各门户网站排行榜上，山东P2P平台鲜有上榜的案例。以网贷之家公布的排名为例，该网站定期发布平台发展指数及其排名，该发展指数涵盖了成交量、营业收入、人气、技术、杠杆、流动性、分散度、透明度、品牌等9个方面，力图反映平台的综合影响力。在2015年12月的平台发展评级百强榜上，广东有33家平台上榜（其中24家来自深圳），北京有32家平台上榜，上海有16家平台上榜，浙江有5家平台上榜；四川、江苏、山东各有2家平台上榜，湖北有1家平台上榜。山东的两家上榜平台均来自青岛，且名次仅排在第61名和第69名。

5.1.3　众筹融资起步晚发展慢

国内能够在各类排行榜中名列前茅的众筹融资平台，都不仅仅表现为一个孤立的平台，它们大多是以一个业务生态圈的形态存在。这种生态化的发展趋势主要表现为两个方面：

第一，股权众筹平台与孵化器、创业训练、天使投资基金、创业者、创业服务者等建立连接，为真正有志于创业的创客以及投资人提供一系列的服务。在培育出大量的优质项目、形成潜在资产项目的同时，吸引足够的投资者，最后发挥平台的资金融通功能：一方面通过投融资沟通、信息披露、尽职调研、路演宣传、决策管理等诸多环节设计，使得平台上的各项操作完整、便捷，服务系统化；另一方面推动投资者、融资者形成广泛社群，密切联系创业辅导、孵化、招聘、宣发、营销等资源，最终实现资金需求方和供给方的结合。

第二，股权众筹平台与国内的区域性的产权交易所、新三板、证券交易所及境外的各类证券交易市场建立广泛的联系与有效的衔接，成为这些股权交易市场的前端、交易目标的输送者和提供者。这样的有机结合能够使股权众筹市场成为多层次资本市场的一员，与其他股权交易市场有机衔接，以发挥其独特的股权融资作用。山东的齐鲁股权交易中心众筹平台、信蓝筹等平台本身就是依靠区域性股权交易中心建立起来的，更应该充分挖掘资源潜力，建立自己的众筹业务生态圈。

5.2　互联网金融尚未出现产业聚集效应

观察国内互联网金融发展较快的地区可以发现，杭州、北京、上海、深圳等地已经聚集了大批开展互联网金融业务的企业和机构，形成了这些城市在互联网金融方面的地域竞争优势。

5.2.1　互联网金融发展的基本条件欠佳

《北京大学互联网金融发展指数》中对于区域互联网金融发展的影响因素进行了回归分析认为，与地区互联网金融发展状况在统计上显著相关的指标包括传统金融发展水平（贷款余额/GDP）、人均 GDP、人口密度、人均公路里程、移动电话普及率、贸易开放程度、地理位置（是否省会城市、是否西部地区城市），并且这些指标与地区互联网金融发展的水平呈正相关关系。针对这些指标（用互联网普及率代替了移动电话普及率），我们计算了包括山东省在内的部分省市以及全国的数据，并将各地区的数据进行了排序，得出表 5-1。

表 5-1　　　　　　　　　部分省市相关指标排名情况（2015 年）

地区	贷款余额/GDP	人均 GDP	人口密度	人均公路里程	互联网普及率	贸易开放度
广东	5	5	5	4	3	2
北京	1	1	2	6	1	3
上海	2	2	1	7	2	1
浙江	3	4	6	3	4	4
江苏	6	3	3	5	5	5
山东	7	6	4	2	7	7

数据来源：Wind 资讯、《中国互联网络发展状况统计报告（2016）》、公司金融研究中心。

表 5-1 的数据显示，在与互联网金融发展正相关的 6 项指标中，广东、北京、上海和浙江四个地区的排名维持在前列，山东的水平排在后三分之一。同时，除人均 GDP 和

人口密度两个指标外，山东在其他指标上均落后于全国的平均水平。由此可见，山东在基础设施（包括传统的基础设施和互联网基础设施）、开放程度、传统金融发展程度等方面处于相对弱势地位，这一地位决定了山东的互联网金融发展也处于弱势地位。

5.2.2 发展互联网金融的政策支持不充分

各地在支持互联网金融发展方面出台了各种各样的扶持措施，有利于互联网金融机构发展与创新，从而形成了地区的产业竞争力。以上海为例，我们统计的直接关系互联网金融发展的政策法规有4项，其中1项来自上海市人民政府，1项来自行业协会，2项来自区一级的政府相关部门。从各项法规文件的内容来看，这些支持政策大都具有很强的可操作性。值得注意的是，上海市各部门出台的支持政策中，除了比较常见的风险防控措施、财政支持手段等内容外，还十分注重强化产业集聚效应。

表5-2　　　　　　　　上海市互联网金融发展支持政策一览表

序号	法规名称	颁布单位	颁布时间	主要内容
1	浦东新区促进金融业发展财政扶持办法	浦东新区金融服务局和浦东新区财政局	2012-07	将第三方支付企业纳入金融机构，给予财政扶持，研究对新兴类金融机构的差异化补贴政策
2	关于促进本市互联网金融产业健康发展的若干意见	上海市人民政府	2014-08	从指导思想、政策支持、基础建设、风险防控、工作机制五方面，对上海市互联网金融发展提出总体规划和部署
3	黄浦区关于进一步促进互联网金融发展的若干意见	上海市黄浦区人民政府	2014-12	为保持外滩金融创新试验区在全国互联网金融发展中的领先地位，提出简化企业合规设立的手续、支持机构集聚、鼓励持牌金融机构向互联网金融领域拓展转型等10项具体保障措施
4	上海个体网络借贷（P2P）平台信息披露指引（试行）	上海市互联网金融行业协会、上海金融信息行业协会	2015-08	从主体信息、产品信息、业务信息、财务信息和其他信息五个方面，设计P2P网络借贷平台信息披露内容（权重）、披露要求（口径）披露方式、时间

注：本表的内容均来自各机构官方网站的公开资料。
数据来源：公司金融研究中心。

相比之下，山东省对于互联网金融的支持政策鲜有出台。如前文所述，山东省相关政策一般包含在宽泛的文件中。互联网产业发展、金融业发展或是服务业发展的相关政策中可能会在部分条款中涉及互联网金融业务，但大都是一概而论，没有太多的针对性。2015年山东省金融办发布的《关于开展互联网私募股权融资试点的意见》中，对融资平台设立的要求高于中国证监会相关法规的要求，对于投资者条件的部分规定则缺乏操作性，对互联网金融发展的促进作用相对有限。

5.2.3 行业协会以及相关中介服务缺失

克里斯·安德森在《长尾理论》中阐释了，在互联网技术的支持下，企业可以在长尾市场中有利可图，前提条件之一就是对产品有需求的特定消费者寻找产品的搜索成本以及交易成本大大降低；与此同时，通过自动推荐到产品排名等工具和技术手段，这些被称为"过滤器"的设计可以把需求进一步推向长尾的后端。

互联网金融的发展在很大程度上可以用长尾理论进行解释。各种互联网金融业务形态不断出现的过程，就是金融利基市场的利润机会被不断发掘的过程，就是金融长尾市场的相关成本不断降低的过程，就是市场需求被不断推向长尾后端的过程。而在这个过程中起到"过滤器"作用的机构主要有两类：行业自律协会和相关研究咨询机构。在我们的观察中，互联网金融发展较快的地区，其"过滤器"机构的发展也是较快的。表5-3中列出的行业协会是得到政府部门认可的半官方机构。这些机构通过协会章程、自律公约等文件，对互联网会员单位进行约束和规范；同时还通过评级、发布年度报告等形式，起到信息生产和披露的作用。表5-4列出的研究咨询机构是目前已经在业界和学界有一定影响力的机构，其发布的各种行业、机构的数据报告已经成为市场参与者甚至监管者的参考。

表 5-3　　　　　　　　　　互联网金融发达地区行业协会情况一览表

序号	行业协会名称	所在地	成立时间	成立背景	业务开展情况
1	中关村互联网金融行业协会	北京	2013-08	中关村管委会指导	会员主要包括互联网金融企业，发布《中关村互联网金融行业协会章程》
2	北京市网贷行业协会	北京	2014-12	网贷机构联合发起成立	对会员及观察员平台从产品登记、信息披露、资金存管、TSA（可信时间戳服务中心）认证、评级进度等方面进行信息公示；对会员及观察员平台从平台实力、管理能力、运营能力和风控能力四个方面考察平台的综合管理素质，通过主观、客观两方面进行评价
3	广东互联网金融协会	深圳	2014-05	全国首家由政府批准成立的省级互联网金融行业社会组织	会员主要包括互联网金融企业以及广东当地金融学府；会员签署《广东互联网金融协会自律公约》；发布《广东互联网金融协会章程》，《广东互联网金融行业准则（征求意见稿）》及《广东互联网金融协会网络借贷（P2P网络借贷）平台信息披露指引（征求意见稿）》；联合发布《广东互联网金融业消费者权益保护公约》；发布《关于〈广东省开展互联网非公开股权融资试点工作方案〉非公开股权融资平台试点企业申报流程》
4	上海市互联网金融行业协会	上海	2015-08	上海市金融服务办公室、中国人民银行上海分行	协会会员单位包括传统金融行业的持牌金融机构以及互联网新型金融领域的相关企业；会员单位签署了《会员自律公约》；公布了《上海市互联网金融行业协会章程》，发布了《上海互联网金融发展报告（2015）》，与上海金融信息行业协会共同发布了《上海个体网络借贷行业（P2P）平台信息披露指引》

续表

序号	行业协会名称	所在地	成立时间	成立背景	业务开展情况
5	杭州市互联网金融协会	杭州	2015－09	由杭州市下城区发起成立	会员单位涵盖第三方支付、互联网理财、P2P网络借贷平台、技术服务平台等多类互联网金融服务模式，以及银行、证券、行业门户等各类金融服务机构
6	浙江互联网金融联盟	杭州	2015－09	在浙江省人民政府金融工作办公室的指导下，由浙江大学互联网金融研究院、蚂蚁金服、浙商银行发起组建	会员单位的业务种类涵盖银行、证券、保险、第三方支付、P2P网络借贷等。发布《联盟自律宣言》；发布浙江互联网金融网贷平台研究报告，对全国数千家P2P网络借贷平台数年来近百个指标进行监测和抓取，并从宏观经济、P2P全行业发展、平台实力、运营能力、资金安全、风险管理、技术安全等10个维度来构建评级模型，解读中国P2P目前的生存状况

注：本表的具体数据均来自各行业协会官方网站的公开资料。

数据来源：公司金融研究中心。

表5－4　　　　　　　　　　互联网金融发达地区研究咨询机构情况一览表

序号	研究、咨询品牌	所在地	成立时间	所属机构	业务开展情况
1	盈灿咨询	上海	2012－02	上海盈灿商务咨询有限公司（前身为网贷之家网贷研究院）	建立了具有较强影响力的行业数据库，研发了行业研究工具和模型，为客户提供咨询和平台运营服务；单独或与其他研究机构共同发布P2P网络借贷行业的月度和年度报告、众筹行业的年度报告；参与上海、广东等地的互联网金融行业协会的活动
2	第一网贷	深圳	2012－09	深圳市钱诚电子商务有限公司	发布中国P2P网贷指数［被《中国支付清算行业运行报告（2015）》引用］、中国民间借贷市场利率指数和中国众筹指数；被中国人民银行邀请成为中国支付清算协会互联网金融专业委员会创始会员
3	网贷天眼	北京	2012－03	北京银讯财富信息技术有限公司	形成资讯、数据、社区、平台档案、P2P理财等服务体系；对网贷平台的评级结果是综合平台数据及线下信息，利用数据挖掘中聚类、回归分析等方法，对平台综合实力的评估并发布平台评级结果；联合中国社会科学院发布《中国网络信贷行业发展报告（2014—2015）》
4	中关村互联网金融研究院	北京	2014－05	中关村科技园区管理委员会、北京市金融工作局、北京市海淀区人民政府	在海淀区金融办支持下，发起成立的网络借贷（P2P）联盟；发布《中国互联网金融与小微金融竞争力报告》、《中国互联网金融人才体系建设研究报告》、《中小企业融资与互联网金融高层参考》
5	众筹之家	深圳	2014－07	深圳市网筹互联网金融服务有限公司	提供股权众筹资讯、权威数据比对、优质项目推荐和行业交流社区

注：本表的内容均来自各研究咨询机构官方网站的公开资料。

数据来源：公司金融研究中心。

对比互联网金融发达地区的情况可以看出，截至 2015 年底，山东尚未出现获得政府部门认可的互联网金融行业协会组织，也没有在业界具有影响力的研究咨询机构。同时，山东的第三方支付业务相对保守、P2P 网络借贷问题平台频出、互联网非公开股权融资业务刚刚起步，尚未在互联网金融领域形成有美誉度的品牌。在这样的情况下，"过滤器"机构的缺失无疑使得山东省互联网金融发展的难度大大提高了。

5.3 互联网金融生态圈尚未形成

虽然，我们在本报告中仍然将互联网金融的业务模式划分为第三方支付、P2P 网络借贷和众筹融资三个类型，但是实际上国内领先的互联网金融集团在业务发展方面，并没有拘泥于这种类型的区分，而是走向业务交叉发展。而且，无论是新型互联网金融机构还是传统银行平台，甚至是财经资讯平台，它们都开始在各个互联网金融领域进行生态布局，建立各自的金融场景生态。

阿里金融的支付宝是第三方支付领域的自身优质品牌。在支付业务的基础上，阿里推出了余额宝、招财宝、娱乐宝等一系列理财产品；后来推出了芝麻信用、蚂蚁花呗、蚂蚁借呗等一系列互联网信用金融产品；互联网银行"网商银行"也于 2015 年 6 月 25 日正式开业，属于中国银监会批准的中国首批 5 家民营银行之一；支付宝 9.0 首次接入了淘宝众筹。至此，在支付业务的基础上，借助阿里庞大的电商体系和线上线下的布局、海量的活跃用户规模、便利的理财渠道，一个庞大的互联网金融生态雏形已经初具规模。

在 P2P 网络借贷平台中，玖富也开始了对互联网金融生态的布局。首先玖富与中国民生银行、中国农业银行总行等在内的 32 家银行总行、10000 多家分支行、20 万多名银行理财师签约合作提供零售银行转型、理财产品设计、小微信贷审核等方面的业务；其次，其通过悟空理财、闪银、曹操分期、叮当钱包等多款明星金融理财产品，完成了整个内部移动互联网金融理财产品的多线布局，同时也满足了不同消费者的金融理财需求；再次，通过联合 IDG、红杉、华兴资本、险峰华兴、唯猎资本、东方弘道等投资机构开始了外部互联网金融产品的生态布局，先后在北京、上海、深圳、杭州等城市举办创业大赛，并在大赛中已经投资房租分期平台房司令、"三农"互联网金融平台沐金农等项目。从玖富对外的金融生态布局来看，玖富正在通过外部孵化来投资和培养更多的垂直细分互联网金融平台。玖富把更多的互联网金融机会让给创业团队来做，自己在技术、风控、资金等多方面给予支持，帮助他们发展壮大。这种"共赢"的发展思路十分符合互联网经济共享的特点和优势，因而极具发展潜力。

传统银行也利用互联网模式，在线上线下全面提供金融服务产品。在理财产品方面，工行的融 e 购和现金宝、中国银行的中银活期宝、广发银行的智能金、民生银行的如意宝等产品的投资门槛低、流动性非常强并且风险相对更小，形成对余额宝产品的强大冲击。在线上业务方面，商业银行都在建立自己的线上互联网一条龙金融平台，从银行卡、理财、保险到水、电、燃气、出国金融、网络贷款等几百项的网上金融业务，覆盖到 PC 端、手机 APP 端、微信端、线下 POS 等各类缴费方式，解决了用户缴费排队多、耗时长等难题。与此同时，招商银行、交通银行、工商银行、农业银行等各大传统银行还推出了自家的电商平台，进一步强化客户对已有金融业务的需求。此外，传统银行也在试图通过社区银行建设对自身的互联网金融进行生态补充，通过扎根社区，服务深入社区，为社区居民和机构提供支付结算便利、财富保值增值、非金融服务，建立稳固持久的服务关系。

财经资讯网站也纷纷推出了自己的互联网金融理财产品。以和讯网、东方财富网、金融界、中金在线等为代表，金融信息服务平台通过提供金融产品的资讯报道，利用平台的流量入口将阅读资讯的读者转化为自己的理财用户。中金在线推出了 168 理财，金融界推出了爱投顾、证券通、盈利宝，和讯推出了理财客、放心保，东方财富也推出了活期宝、定期宝、指数宝等一系列理财产品。相比其他理财平台而言，这类金融信息平台在信息指导、咨询服务上更有优势。

反观山东省内互联网金融业态，无论是第三方支付、P2P 网络借贷还是众筹融资领域，我们都未能见到能够融合多种业务形态进行多点布局的企业。如果仅仅将视野放在单一的业务领域，那么互联网金融的发展将会受到很大的局限。

5.4　山东 P2P 网络借贷问题平台的综合分析

2015 年是 P2P 网络借贷平台出现大量违约的一年。宏观经济下行和货币政策的宽松化带来了两方面的变化：第一，经济下行带来了投资回报率的显著下降；第二，整体的负债利率水平呈现下降趋势。这使得大量采取高息回报方式吸引资金投资的 P2P 网络借贷开始暴露出问题。此外，由于 P2P 网络借贷平台普遍缺乏风险防控，既未对接中央银行征信系统，又没有建立相应的风险防控体系，对契约关系的维护、对债权人的保护均较弱，致使违约成本较低；而 P2P 网络借贷行业规范迟迟未出台，P2P 网络借贷平台缺乏准入门槛，行业监管不完善，"资金池"缺乏有效托管，行业管理整体处于混乱的状态；此外，监管及立法有所滞后，导致 P2P 网络借贷平台投资风险高、维权难度大。

山东作为 P2P 网络借贷的重灾区，为了能够更加直观地了解山东 2015 年 P2P 网络借贷问题平台情况，把握 P2P 网络借贷的违约现状，科学地防控行业风险，本报告将"网贷之家"、"网贷天眼"网站中统计的山东省 P2P 网络借贷问题平台进行汇总分类，共计 223 家，以下是对山东省 P2P 网络借贷问题平台的综合分析。需要特别指出的是，样本中的 223 家问题平台仅仅是全省问题平台的一部分，我们估计全省的问题平台数量要大于上述统计数字。

5.4.1　问题平台地域分布

从图 5-1 省内 P2P 网络借贷问题平台的地域分布来看，滨州（44 家）、潍坊（36

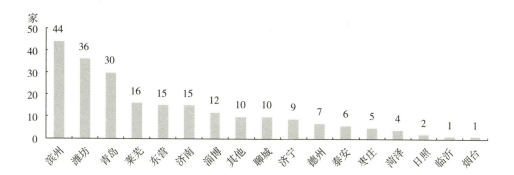

数据来源：网贷之家，网贷天眼，公司金融研究中心。

图 5 - 1　山东 P2P 网络借贷问题平台地域分布（2015 年）

家）和青岛（30 家）三市的问题平台约占省内问题平台总数的一半，占比分别达到
19.73%、16.14% 和 13.45%。其次问题平台居多的地市是莱芜、东营和济南，而日照、
临沂和烟台的问题平台数较少。

5.4.2　各月问题平台数量

　　从图 5 - 2 省内 P2P 网络借贷问题平台的爆发月份来看，6 月和 12 月是问题平台集
中爆发的月份，分别达到 42 家和 32 家，6 月问题平台数占省内全部问题平台的
18.83%。其次是 1 月达到 27 家，山东省各月问题平台数量均位于全国前列，大部分月
份的问题平台数量竟居于全国之首，如 1—6 月和 9 月。

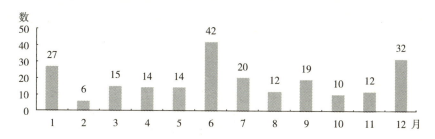

数据来源：网贷之家，网贷天眼，公司金融研究中心。

图 5 - 2　山东 P2P 网络借贷问题平台各月数量分布（2015 年）

5.4.3　问题平台事件类型

　　2015 年，山东省 P2P 网络借贷问题平台的事件类型主要有以下三种情况：发生停止
经营、提现困难、失联跑路。其中失联跑路的问题平台占问题平台总数的 42.15%，将
近一半，存在提现困难的问题平台占比为 29.15%，停止经营的问题平台占比为 28.70%
（见图 5 - 3）。上咸 Bank 系山东上咸投资有限公司旗下运营，注册资本为 1666 万元，于
2014 年 1 月 13 日上线，在运营刚刚满一年的 2015 年 1 月 16 日被曝失联，注册投资者上
万人，涉及金额高达 1.62 亿元；鲁商贷系山东易得财富投资有限公司旗下运营，于

2014 年 11 月 26 日上线，注册资本 1201 万元，于 2015 年 1 月 19 日被曝限制提现，平均年利率达 19.53%，累计成交额达 10.82 亿元；齐鲁人贷是青岛零时代投资发展股份有限公司旗下互联网金融平台，于 2013 年 1 月 23 日上线，注册资本 5000 万元，2015 年 1 月 26 日因借款人集体抱团，拒绝归还本金，资金断流，造成了提现困难，平台累计成交额 5.29 亿元，平均综合年利率达 33.75%。

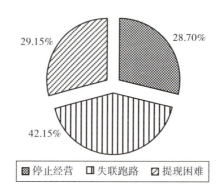

数据来源：网贷之家，网贷天眼，公司金融研究中心。

图 5 - 3　全省 P2P 网络借贷问题平台事件类型（2015 年）

因省内问题平台大量存在于滨州、潍坊和青岛三市，本报告单独将滨州、潍坊和青岛三市的问题平台事件类型再做具体分析。从图 5 - 4 中明显看出，滨州问题平台中失联跑路的情况居多，占比达 24.47%，其次是停止经营、提现困难，占比分别为 17.19%、15.38%；潍坊问题平台中存在停止经营困难的居多，占比达 21.88%，其次是提现困难、失联跑路，占比分别为 16.92%、11.70%；青岛问题平台中失联跑路情况居多，占比为 14.89%，其次是提现困难、停止经营，占比分别为 13.85%、10.94%。由此可知，滨州、潍坊和青岛三市的问题平台事件类型与山东省 P2P 网络借贷问题平台事件类型具有一致性，多数问题平台为失联跑路。

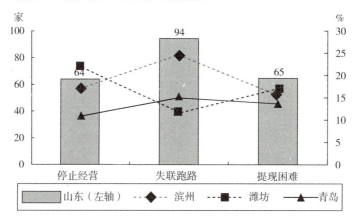

数据来源：网贷之家，网贷天眼，公司金融研究中心。

图 5 - 4　滨州、潍坊和青岛三市问题平台事件类型占比（2015 年）

5.4.4　问题平台注册资金规模

山东省 P2P 网络借贷问题平台的注册资金规模分布如图 5 - 5 所示，出现问题的 P2P 网络借贷平台在不同注册资金规模中均有分布，其中有 70.40% 的问题平台的注册资金规模为 1000 万 ~ 3000 万元，其次是注册资金规模为 500 万 ~ 999 万元的问题平台占比达 13.00%，注册资金规模在 3000 万元以上的问题平台占比为 9.72%，注册资金规模小于 500 万元的问题平台占比为 5.38%。由此可知，全省 P2P 网络借贷问题平台的注册资金规模多位于 1000 万 ~ 3000 万元，其次是 500 万 ~ 999 万元。

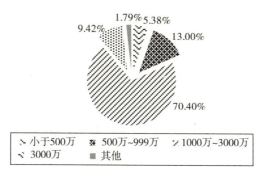

数据来源：网贷之家，网贷天眼，公司金融研究中心。

图 5 - 5　全省 P2P 网络借贷问题平台注册资金规模分布（2015 年）

为了进一步分析省内 P2P 网络借贷问题平台的注册资金规模分布状况，本报告同样将滨州、潍坊和青岛三市的问题平台注册资金规模分布状况做具体分析。由图 5 - 6 可知，2015 年山东省内问题平台中有 157 家问题平台的注册资金规模在 1000 万 ~ 3000 万元。滨州、潍坊和青岛三市在不同注册资金规模区间内均有分布，其中三市注册资金规模在 1000 万 ~ 3000 万元的问题平台总数有 72 家，占比为 45.86%；注册资金规模在 500 万 ~ 999 万元的问题平台总数有 15 家，占比为 51.72%；注册资金规模小于 500 万元和

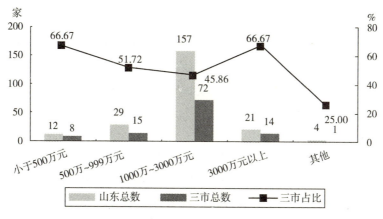

数据来源：网贷之家，网贷天眼，公司金融研究中心。

图 5 - 6　滨州、潍坊和青岛三市问题平台注册资金规模占比（2015 年）

3000万元以上的问题平台总数分别有8家和14家，在各自区间内的占比均为66.67%。由此可知，三市问题平台的注册资金规模多集中在小于500万元和3000万元以上的区间内。由于山东地区平台与小贷机构有千丝万缕的联系、专业性团队建设相对较弱，并不雄厚的注册资本以及问题平台多发的乱象。

5.4.5 问题平台运营时间分布

山东省P2P网络借贷问题平台的运营时间分布如图5-7所示，运营时间在3~6个月内的问题平台达76家，占省内问题平台总数的34.08%；运营时间在7~12月内的问题平台有54家，占比为24.22%；运营时间不足3个月的问题平台有53家，占比为23.77%；而运营时间在1年以上的问题平台有22家，占比为9.87%。由此可知，山东省P2P网络借贷问题平台平均运营时间较短，多数问题平台的运营时间竟不足6个月。自2013年以来，山东P2P网贷行业凭借"利率高、倒闭少"闯入大家的视线。一时间不仅吸引了大量投资人，而且吸引了较多想捞一笔就走的诈骗平台。这些平台成立的目的是为了诈骗，通过高利率、虚假宣传、秒标等方式，吸取大量用户资金，然后卷钱逃跑，这在一定程度上说明山东省内问题平台中纯诈骗平台居多。

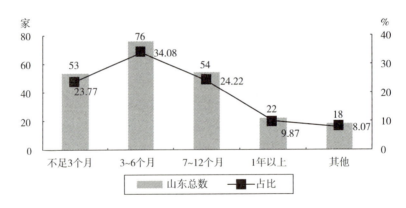

数据来源：网贷之家，网贷天眼，公司金融研究中心。

图5-7 全省P2P问题平台运营时间分布（2015年）

为了进一步分析省内P2P网络借贷问题平台的运营时间状况，本报告同样将滨州、潍坊和青岛三市的问题平台运营时间状况做具体分析。从图5-8可知，滨州、潍坊和青岛三市的问题平台运营时间在3~6个月的区间内的家数有42家，占比高达55.26%，也就是说省内在3~6个月的运营区间内的问题平台中有超过一半的问题平台分布在滨州、潍坊和青岛三市。三市问题平台运营时间不足3个月和7~12个月的家数分别有26家、27家；运营时间在1年以上的问题平台有8家，占比为36.36%。由此可知，滨州、潍坊和青岛三市的问题平台运营时间和省内问题平台的分布具有一致性，大多数问题平台的运营时间竟不足6个月，再一次验证了山东省问题平台中纯诈骗平台居多。

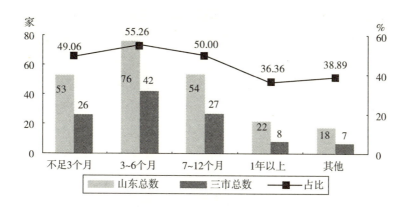

数据来源：网贷之家，网贷天眼，公司金融研究中心。

图 5 - 8　滨州、潍坊和青岛三市问题平台运营时间占比（2015 年）

5.4.6　问题平台多发原因分析

2015 年山东新发生停止经营、提现困难、失联跑路等情况的问题 P2P 网络借贷平台达 223 家，各月问题平台数量大多位居全国第一。全省 P2P 网络借贷平台发生停止经营、提现困难、失联跑路的原因主要在于：一方面是经过了前几年无监管的疯狂增长，各种资质不同的平台纷纷建立，部分平台开始暴露自身的缺陷和问题；另一方面是 2015 年网络借贷平台发展的宏观环境发生了变化，使一些经营不善的平台雪上加霜。2015 年平台问题的集中出现可以归纳为宏观环境的变化、行业竞争的加剧，以及平台自身的问题。

1. 宏观环境

——政策变化。2014 是 P2P 网络借贷平台呈现爆发式增长的一年，但是由于没有具体的监管措施，处于一种无监管的状态，未经授权的金融信息公司迅速发展。2015 年 7 月，包括中国人民银行、中国银监会、中国证监会在内的十个国家级部委联合印发了《关于促进互联网金融健康发展的指导意见》，提出了一系列鼓励创新，支持互联网金融稳步发展的政策措施，积极鼓励互联网金融平台，产品和服务创新，鼓励从业机构相互合作，同时，建立了互联网金融主要业态的监管职责分工使互联网金融进入规范正式的监管范畴，指导意见明确了监管责任，划定了业务边界，提出了具体监管建议，为互联网金融的发展提供了良好的政策环境。另外，为了争夺互联网金融的优质资源，以刺激当地金融发展和 GDP 增长，各地政府也发布了相应的鼓励政策，这些政策对当下正在起步阶段的互联网金融而言无疑是有积极的促进意义的。

——利率下调。2015 年，中央银行多次下调定期存款基准利率，利率的下调使 P2P 网络借贷平台面临的形势更加严峻。一方面，与银行相比，P2P 网络借贷平台的贷款利率远高于银行的贷款利率，银行贷款利率下调在一定程度上减少了利用网络借贷平台融资的客户数量。更进一步地，由于存在逆向选择问题，在转向传统商业银行融资的客户一般为优质客户，此时，通过网络借款平台的借款者要求更高的收益率，因为，此时通过网络借贷平台的融资者风险更高。但是实际情况是部分网贷平台的预期收益率出现下降，例如，中融宝在2015年上半年，标的收益维持在10%以上，而在下半年之后，标的收益在8%~9%，出现了下滑。

——国有资本、风险投资的进入。互联网金融的快速发展，使各路资本、各个行业、众多企业都在纷纷进入，出现各种跨界合作。国有资本和风险投资的进入说明P2P网络借贷存在很大的发展价值。首先，国有资本的进入在一方面为P2P网络借贷市场提供了强大的资金支持，平台可以利用资金迅速发展，争做区域内的领先者，形成规模经济。另一方面，国有资本的进入在一定程度上显示了国家的态度和宽松的政策。但是，由于没有严格的监管，各种平台资质良莠不齐，各种资本的进入很容易造成P2P网络借贷的畸形发展。其次，由于P2P网络借贷平台数量越来越多，因而在争夺客户方面的竞争将会越来越激烈。所以各种平台对各种媒体投入大量资金，宣传自己。如果是资质欠佳的平台利用媒体夸大自己，在这样的环境下，投资者很容易轻信媒体宣传，以至于难以辨别平台的真实情况。

——征信体系不完善。互联网金融的发展需要完善的征信体系作为依托，而我国各征信体系建设尚处于初级阶段，阻碍了互联网金融的发展，尤其是网络借贷的发展。

首先，就个人信用而言，我国的个人信用意识比较薄弱，个体消费者未对违约后的后果引起充分注意。并且个人信用历史记录的共享和价值挖掘不足，也为金融业务的大规模开展制造了一定的阻碍。而个人信用体系的建设不是在短期内可以实现的，从信贷风险管控的角度来看，互联网金融的发展，尤其是P2P网络借贷平台的发展都将面临严峻的信用风险挑战。其次，从企业的信用来看，越来越多的企业发现，信用等级的评估是阻碍企业扩大业务规模的最主要阻力，随着我国征信体系的逐渐放开，无论是传统的金融机构还是互联网公司，都意识到数据对于征信的重要意义，原本以业务为绝对发展重心的战略，变成业务与数据双向并行的战略考量。但是目前征信机构较少，针对网络征信的机构更是屈指可数，而目前由于大数据和云计算技术还没有得到充分运用，所以现在也只是对网络信息的收集和简单处理。再者，与传统商业银行相比，P2P网络借贷平台缺乏借款人信用信息。国内可接入中央银行征信中心的机构只有银行、持牌照的第三方征信服务商以及部分小贷公司，普通P2P网络借贷平台并没有接入资格。虽然中央银行发放了部分征信牌照，阿里的芝麻信用也开始向部分企业提供接口，但是全国形成一个完善的个人信用评价体系尚需时日。不仅如此，现有的P2P网络借贷平台也没有建立有效的信用评分体系。

——小微企业融资困难。首先，小微企业融资困难问题是P2P网络借贷平台的发展基础。融资难问题一直是阻碍小微企业的巨大问题，也是政府和各界一直关注的热点问题。人们普遍认为中小企业融资面临的主要问题是信息不对称问题。中小企业特别是一些民营、个体中小企业相对于大型企业来说，由于规模小、财务不规范、管理水平低，又缺少可抵押的土地、房产等固定资产，且没有可靠的担保，达不到银行的资信要求，导致银行对中小企业申请贷款的成本过高，同时也使银行面临中小企业过高的逆向选择和道德风险。所以，银行一般会选择国有企业，或者信用状况较好、发展前景可观的大型企业，小微企业很难从银行贷到资金。

而网络借贷平台在一定程度上降低了信息不对称。资金需求者通过在网络借贷平台显示自己的信用状况、个人信息等，以期获得资金，借贷平台使资金的需求者和供给者直接地联系在一起，由投资者自己对借款者的信用等级进行判断，避免了信息的不对称。

2. 行业环境

——直销银行。面对 2015 年网络借贷平台的行业发展环境，除了早已存在的竞争者——小额贷款公司和典当行，又出现了新的竞争者——直销银行，并且随着互联网理财产品的发展，网络借贷的竞争越来越激烈。目前，中国的直销银行主要有传统银行设立的直销银行和互联网企业设立的互联网银行。一方面，受到互联网金融的影响，传统的商业银行，券商都在积极地进行互联网改革；另一方面，各大互联网公司利用自己本身的优势，跨界金融行业。

针对传统银行，以工商银行为例，进行分析。工商银行充分利用互联网金融发展的契机，在 2015 年 3 月 23 日，正式发布互联网金融品牌"e-ICBC"，成为国内第一家发布互联网金融品牌的商业银行。同时，工商银行也在积极拓展网络融资产品体系，目前网络融资主要面向小微企业和个人。改变现有的银行信贷经营对于贷款额度较小、信息对称、适合标准化的信贷服务。对于小微企业主来讲，网络融资中心所提供的标准化金融产品，成本较以前有所下降。针对互联网公司，以微众银行为例进行分析。微众银行主要定位服务于个人消费者和小微企业客户，能够在一定程度上改变我国金融供给不能向中小实体经济延伸的问题。深圳前海微众银行成为首家获得开业批复的民营银行，具有"个存小贷"的特色。从深圳前海微众银行的股本构成看，其中腾讯持股 30% 为最大股东，百业源持股 20%，立业集团持股 20%，淳永投资持股 9.9%，剩余股份由光汇石油，信太科技等企业持有。互联网巨头联合各个不同的行业，可以发挥各自的优势，不仅是腾讯公司成立了微众银行，2015 年阿里也成立互联网银行，百度也成立了直销银行——"百信银行"。

从以上分析来看，不论是传统金融机构还是互联网企业，都注重对小微企业的支持，这无疑又是 P2P 网络借贷的竞争者，并且由于传统的商业银行本身具有雄厚的资本，互联网企业利用自身的技术优势和客户资源优势，所以对于大多数没有传统银行和互联网企业支撑的网络借贷平台而言，竞争更加激烈。

——典当行业。典当行业一般提供短期、小额资金为主，恰好能够满足我国中小企业的融资需求。典当行业因为具有"小额、短期、快捷、灵活"的特点，恰好适合小微企业对融资的需求，而目前典当行客户结构已经从以前的个人变为企业主，因此典当资金用于小微企业经营的比例不断增加，与网络借贷平台形成替代关系。

通过对网络借贷和典当进行对比，两者的区别主要在于以下几个方面：首先，典当行业基本靠自有资金进行运作，资金的流动性和收益性就成为典当行重要的收入来源，与此相比，P2P 平台只是充当信息中介的角色，并不对平台资金的运作进行干预。根据前瞻产业研究院发布的《2015—2020 年中国典当行业市场前瞻与投资战略规划分析报告》显示，中国典当行业累计发放当金和典当余额不断增加，又因为网络借贷平台问题频繁爆发，部分投资者对网络借贷平台信心降低，所以典当行业与网络借贷平台之间的替代效应将会进一步加强。

其次，典当融资是以借贷为基础，质押为条件的经济活动，它将当物由当户转移至典当机构占有，从而换取当金以达到融资的目的。典当融资的资金供需两方之间属于质押贷款关系，而非信用贷款关系。典当发挥融资功能的主要依据不在于当户自身的信用程度，典当融资"认物不认人"，它只注重当物的合法性、真实性及其成色高低、价值大小，不审核当户的信用程度，只在于当物本身的价值。而在网络借贷过程中，既有信用贷款关系，也存在质押贷款关系。例如，在个人贷款中，一般为信用贷款，而在小微企业的贷款中，一般会有抵押物，属于质押贷款关系。典当融资能够对点当物的价值判断合理，而网络借贷，尤其是纯线上的网络借贷平台，平台通常只会显示抵押物的图片信息，一方面，只通过图片信息，投资者并不能够判断信息本身的真伪；另一方面，与典当行业的从业人员相比，即使抵押物为真，投资者由于自身知识的局限性，也不能够准确判断抵押物的价值。

最后，网络借贷与通过典当相同的是获得的资金用途不受限制。典当融资只要有合法且有价值的典当物，就可以拿来质押融资，典当行不会调查资金的用途。而目前只有部分的网络借贷平台会为融资者制订还款计划，但是还款计划只是规定了借款者的还款时间、金额、利息等，并没有对资金的用途作出限制，这很容易导致逆向选择和道德风险。

——小额贷款公司。小额贷款与网络借贷相互促进，有着不可分割的关系。小额贷款公司，是为了引导民间资本"阳光化"和解决"三农"与中小企业融资难问题而设立的，具有资本规模小、信贷供给能力有限、融资比例低、融资渠道窄等特点。

首先，P2P 网络借贷平台作为是信息中介，直接为客户提供贷款人信息，大大地降低了信息不对称程度和交易成本，相比传统小额贷款公司，互联网金融的优势在于通过互联网和大数据对小微企业风险评判的成本要低很多，而且效率高、速度快。

其次，由于小额贷款公司是"只贷不存"，资金来源被限定在股东缴纳的资本金、捐赠资金，以及来自不超过两个银行等金融机构的融入资金，且规定从银行等金融机构获得的融入资金不得超过资本净额的 50%，所以小额公司的资本规模较小，信贷供给的能力有限，很难实现自身的大发展。而网络借贷平台的资金规模不受限制，完全取决于客户，信贷供给可以在大范围内变动，并且平台不需要进行信贷审核。此外，小额贷款公司运行初期投入资金较大、盈利周期较长，而网络借贷中，平台作为一个信息中介，只涉及平台的日常维护，并不需要投入大量资金，所以更容易生存。

除不同点外，小额贷款公司与网络借贷平台也有相同之处，如小额贷款公司和借贷平台的抗风险能力都较弱，主要业务都以短期贷款为主，面向对象都是小微企业和农户个体等。

——互联网理财。互联网理财使大量没有太多充裕资金的个人投资者拥有了理财通道，与 P2P 网络借贷存在替代关系。就目前中国的理财环境来看，用户对理财的认知存在以下三个特点：首先，从环境上看，需求旺盛，长期以来，存款几乎是用户唯一的理财方式，因此对于更高收益的理财产品的渴望十分强烈。其次，从金融机构方面看，产品复杂。目前大多传统金融机构都在开发各类理财产品，但是产品结构普遍比较复杂，影响产品的销售。最后，从用户方面看，认知较少，用户对于理财产品的理解尚处于初级阶段，风险承受能力较差，基于以上三点，导致用户在互联网理财方面的需求非常明确，即需求强烈，要求简单。

一方面，大多数的投资者都是厌恶风险的，所以投资者偏向风险较小的投资项目；另一方面，现存的网络借贷平台问题频发，并且在平台问题爆发之后没有合理的维权渠道，所以对于厌恶风险的投资者来说，他们更倾向于理财产品。更进一步地，与互联网理财相比，虽然现在的银行理财产品在收益及稳定性方面更具优势，但不得不说，"宝宝理财"让更多手头上并没有太充裕的资金的用户也拥有了理财的通道，所以大量的投资者选择互联网理财产品。并且因为互联网理财产品的进入门槛较低，更具有灵活性，所以大多数的风险厌恶者在网络理财产品和 P2P 网络借贷比较之下，更倾向于理财产品。

3. 自身原因

平台自身问题主要表现在发展模式不确定、风险控制不足和信誉机制的欠缺三个方面。随着互联网金融的快速发展，各种企业加速进入网络借贷市场，但实际上对网络借贷的金融本质并不了解，对平台的运行方式、发展方式也不了解。山东地区民间借贷需求量过大，且利率相对较高，所以近几年 P2P 网络借贷行业高速发展，大量民间借贷公司涌入网贷市场。许多民间借贷公司虽然线下团队经验丰富，但对于互联网技术的掌握都十分欠缺。甚至有的小贷机构仅仅只建个网站，重点还是依靠线下撮合借贷双方交易。具体来说，P2P 网络借贷平台跑路的原因在于以下几个方面。

首先，P2P 网络借贷平台作为信息中介，只是借助一些积累的社交、电商和个人数据，这些数据是否能够真正帮助 P2P 网络借贷平台完成风险评估尚待验证，对这些数据的处理本身就非常耗时，且真假难辨。另外，从现有的 P2P 网络借贷平台来看，以线下模式以及线上线下相结合的模式发展的平台会在贷款前进行借款人资质与还款能力的考核，如借款人的网络交易信息、品牌的偏好、流水交易信息等，但是在贷款都并不会跟踪贷款资金的具体使用情况，如专款专用、分期划拨、定期检查等。其次，为了搭上互联网金融发展的快车，很多企业甚至对互联网金融不甚了解就匆忙进入网络借贷市场，对自身的发展模式都不清楚，就随意开展业务。例如，一些 P2P 网络借贷平台出售线下的债权，其利用线下金融机构已有的债权，以资产包的形式与现存的 P2P 网络借贷平台进行对接，在平台出售债权，这不仅对于投资者来说是不利的，而且对于 P2P 网络借贷平台自身的成长也是有害的。

P2P 网络借贷平台只是中介平台，只提供相关服务信息，但目前很多 P2P 网络借贷平台在没有借款的时候，会先向投资者募集资金，资金进入平台账户后，平台再匹配借款项目，如果此时没有引进第三方支付机构进行资金托管，就极容易出现资金池现象。如果平台没有足够的资金资源，用户资金就难免被挪用。长此以往，就会导致资金链断裂，从而出现平台跑路情况。

其次，在技术方面，网络借贷是通过互联网平台进行的，依托发达的计算机网络，计算机网络技术是否安全与平台能否有序运行密切相关，所以计算机网络技术也成为影响平台最重要的方面。一方面，由于互联网金融业务采用的多是新技术，更容易发生故障，任何原因引起的系统问题都会给互联网金融服务提供者带来风险；另一方面，互联网传输故障、黑客攻击、计算机病毒等因素，都会使互联网金融的计算机系统面临瘫痪，威胁账户和平台安全。所以平台必须提供基础的技术保障，尤其是密钥管理及加密技术，而目前大多网络借贷平台并不具备这样的技术。

再次，风控能力缺乏影响 P2P 网络借贷平台的寿命。山东 P2P 网络借贷平台没有严格的风控体系与安全措施，对借款人的资格审核也不很严格，一旦风控能力跟不上，被曝出负面消息，随之而来的就是"挤兑"潮。没有雄厚资金实力的小平台轻者清盘歇业，如此就会导致平台破产情况，更有不少平台直接卷款跑路。

最后，信誉机制欠缺。P2P 网络借贷平台的发展必须建立良好的信誉。在投资者与平台之间，由于信息不对称的情况下，投资者不知道平台是否运行良好健康，网络借贷市场就可能成为"柠檬市场"，由于我国的互联网借贷市场还处于起步阶段，监管也不到位，客户不了解各个平台的情况，这就有可能导致依靠超高的预期收益率来吸引投资者，但实际运行并不规范的平台得以生存，而另外的平台会因为预期收益率较低而丧失客户，最终被排挤出市场。P2P 网络借贷平台没有建立良好的客户关系，没有树立良好的信誉，导致其平台运行效率低下，投资者通过平台投资后，由于没有合适期限的标的，或者没有合理预期收益的标的，那么即使平台自身建设得较好，也很难留住客户。

附件 互联网金融发展相关政策介绍

附件1 国家促进互联网金融发展的相关政策

《关于促进互联网金融健康发展的指导意见》

（银发〔2015〕221号）

近年来，互联网技术、信息通信技术不断取得突破，推动互联网与金融快速融合，促进了金融创新，提高了金融资源配置效率，但也存在一些问题和风险隐患。为全面贯彻落实党的十八大和十八届二中、三中、四中全会精神，按照党中央、国务院决策部署，遵循"鼓励创新、防范风险、趋利避害、健康发展"的总体要求，从金融业健康发展全局出发，进一步推进金融改革创新和对外开放，促进互联网金融健康发展，经党中央、国务院同意，现提出以下意见。

一、鼓励创新，支持互联网金融稳步发展

互联网金融是传统金融机构与互联网企业（以下统称从业机构）利用互联网技术和信息通信技术实现资金融通、支付、投资和信息中介服务的新型金融业务模式。互联网与金融深度融合是大势所趋，将对金融产品、业务、组织和服务等方面产生更加深刻的影响。互联网金融对促进小微企业发展和扩大就业发挥了现有金融机构难以替代的积极作用，为大众创业、万众创新打开了大门。促进互联网金融健康发展，有利于提升金融服务质量和效率，深化金融改革，促进金融创新发展，扩大金融业对内对外开放，构建多层次金融体系。作为新生事物，互联网金融既需要市场驱动，鼓励创新，也需要政策助力，促进发展。

（一）积极鼓励互联网金融平台、产品和服务创新，激发市场活力

鼓励银行、证券、保险、基金、信托和消费金融等金融机构依托互联网技术，实现传统金融业务与服务转型升级，积极开发基于互联网技术的新产品和新服务。支持有条件的金融机构建设创新型互联网平台开展网络银行、网络证券、网络保险、网络基金销售和网络消费金融等业务。支持互联网企业依法合规设立互联网支付机构、网络借贷平台、股权众筹融资平台、网络金融产品销售平台，建立服务实体经济的多层次金融服务体系，更好地满足中小微企业和个人投融资需求，进一步拓展普惠金融的广度和深度。鼓励电子商务企业在符合金融法律法规规定的条件下自建和完善线上金融服务体系，有效拓展电商供应链业务。鼓励从业机构积极开展产品、服务、技术和管理创新，提升从业机构核心竞争力。

（二）鼓励从业机构相互合作，实现优势互补

支持各类金融机构与互联网企业开展合作，建立良好的互联网金融生态环境和产业链。鼓励银行业金融机构开展业务创新，为第三方支付机构和网络贷款平台等提供资金存管、支付清算等配套服务。支持小微金融服务机构与互联网企业开展业务合作，实现商业模式创新。支持证券、基金、信托、消费金融、期货机构与互联网企业开展合作，拓宽金融产品销售渠道，创新财富管理模式。鼓励保险公司与互联网企业合作，提升互联网金融企业风险抵御能力。

（三）拓宽从业机构融资渠道，改善融资环境

支持社会资本发起设立互联网金融产业投资基金，推动从业机构与创业投资机构、产业投资基金深度合作。鼓励符合条件的优质从业机构在主板、创业板等境内资本市场上市融资。鼓励银行业金融机构按照支持小微企业发展的各项金融政策，对处于初创期的从业机构予以支持。针对互联网企业特点，创新金融产品和服务。

（四）坚持简政放权，提供优质服务

各金融监管部门要积极支持金融机构开展互联网金融业务。按照法律法规规定，对符合条件的互联网企业开展相关金融业务实施高效管理。工商行政管理部门要支持互联网企业依法办理工商注册登记。电信主管部门、国家互联网信息管理部门要积极支持互联网金融业务，电信主管部门对互联网金融业务涉及的电信业务进行监管，国家互联网信息管理部门负责对金融信息服务、互联网信息内容等业务进行监管。积极开展互联网金融领域立法研究，适时出台相关管理规章，营造有利于互联网金融发展的良好制度环境。加大对从业机构专利、商标等知识产权的保护力度。鼓励省级人民政府加大对互联网金融的政策支持。支持设立专业化互联网金融研究机构，鼓励建设互联网金融信息交流平台，积极开展互联网金融研究。

（五）落实和完善有关财税政策

按照税收公平原则，对于业务规模较小、处于初创期的从业机构，符合我国现行对中小企业特别是小微企业税收政策条件的，可按规定享受税收优惠政策。结合金融业营业税改征增值税改革，统筹完善互联网金融税收政策。落实从业机构新技术、新产品研发费用税前加计扣除政策。

（六）推动信用基础设施建设，培育互联网金融配套服务体系

支持大数据存储、网络与信息安全维护等技术领域基础设施建设。鼓励从业机构依法建立信用信息共享平台。推动符合条件的相关从业机构接入金融信用信息基础数据库。允许有条件的从业机构依法申请征信业务许可。支持具备资质的信用中介组织开展互联网企业信用评级，增强市场信息透明度。鼓励会计、审计、法律、咨询等中介服务机构为互联网企业提供相关专业服务。

二、分类指导，明确互联网金融监管责任

互联网金融本质仍属于金融，没有改变金融风险隐蔽性、传染性、广泛性和突发性的特点。加强互联网金融监管，是促进互联网金融健康发展的内在要求。同时，互联网金融是新生事物和新兴业态，要制定适度宽松的监管政策，为互联网金融创新留有余地和空间。通过鼓励创新和加强监管相互支撑，促进互联网金融健康发展，更好地服务实体经济。互联网金融监管应遵循"依法监管、适度监管、分类监管、协同监管、创新监管"的原则，科学合理界定各业态的业务边界及准入条件，落实监管责任，明确风险底线，保护合法经营，坚决打击违法和违规行为。

（七）互联网支付

互联网支付是指通过计算机、手机等设备，依托互联网发起支付指令、转移货币资金的服务。互联网支付应始终坚持服务电子商务发展和为社会提供小额、快捷、便民小微支付服务的宗旨。银行业金融机构和第三方支付机构从事互联网支付，应遵守现行法律法规和监管规定。第三方支付机构与其他机构开展合作的，应清晰界定各方的权利义务关系，建立有效的风险隔离机制和客户权益保障机制。要向客户充分披露服务信息，清晰地提示业务风险，不得夸大支付服务中介的性质和职能。互联网支付业务由人民银行负责监管。

（八）网络借贷

网络借贷包括个体网络借贷（即 P2P 网络借贷）和网络小额贷款。个体网络借贷是指个体和个体之间通过互联网平台实现的直接借贷。在个体网络借贷平台上发生的直接

借贷行为属于民间借贷范畴，受《合同法》、《民法通则》等法律法规以及最高人民法院相关司法解释规范。个体网络借贷要坚持平台功能，为投资方和融资方提供信息交互、撮合、资信评估等中介服务。个体网络借贷机构要明确信息中介性质，主要为借贷双方的直接借贷提供信息服务，不得提供增信服务，不得非法集资。网络小额贷款是指互联网企业通过其控制的小额贷款公司，利用互联网向客户提供的小额贷款。网络小额贷款应遵守现有小额贷款公司监管规定，发挥网络贷款优势，努力降低客户融资成本。网络借贷业务由中国银监会负责监管。

（九）股权众筹融资

股权众筹融资主要是指通过互联网形式进行公开小额股权融资的活动。股权众筹融资必须通过股权众筹融资中介机构平台（互联网网站或其他类似的电子媒介）进行。股权众筹融资中介机构可以在符合法律法规规定的前提下，对业务模式进行创新探索，发挥股权众筹融资作为多层次资本市场有机组成部分的作用，更好地服务创新创业企业。股权众筹融资方应为小微企业，应通过股权众筹融资中介机构向投资人如实披露企业的商业模式、经营管理、财务、资金使用等关键信息，不得误导或欺诈投资者。投资者应当充分了解股权众筹融资活动风险，具备相应风险承受能力，进行小额投资。股权众筹融资业务由证监会负责监管。

（十）互联网基金销售

基金销售机构与其他机构通过互联网合作销售基金等理财产品的，要切实履行风险披露义务，不得通过违规承诺收益方式吸引客户；基金管理人应当采取有效措施防范资产配置中的期限错配和流动性风险；基金销售机构及其合作机构通过其他活动为投资人提供收益的，应当对收益构成、先决条件、适用情形等进行全面、真实、准确表述和列示，不得与基金产品收益混同。第三方支付机构在开展基金互联网销售支付服务过程中，应当遵守人民银行、证监会关于客户备付金及基金销售结算资金的相关监管要求。第三方支付机构的客户备付金只能用于办理客户委托的支付业务，不得用于垫付基金和其他理财产品的资金赎回。互联网基金销售业务由证监会负责监管。

（十一）互联网保险

保险公司开展互联网保险业务，应遵循安全性、保密性和稳定性原则，加强风险管理，完善内控系统，确保交易安全、信息安全和资金安全。专业互联网保险公司应当坚持服务互联网经济活动的基本定位，提供有针对性的保险服务。保险公司应建立对所属电子商务公司等非保险类子公司的管理制度，建立必要的防火墙。保险公司通过互联网销售保险产品，不得进行不实陈述、片面或夸大宣传过往业绩、违规承诺收益或者承担损失等误导性描述。互联网保险业务由保监会负责监管。

（十二）互联网信托和互联网消费金融

信托公司、消费金融公司通过互联网开展业务的，要严格遵循监管规定，加强风险管理，确保交易合法合规，并保守客户信息。信托公司通过互联网进行产品销售及开展其他信托业务的，要遵守合格投资者等监管规定，审慎甄别客户身份和评估客户风险承受能力，不能将产品销售给与风险承受能力不相匹配的客户。信托公司与消费金融公司要制定完善产品文件签署制度，保证交易过程合法合规，安全规范。互联网信托业务、互联网消费金融业务由银监会负责监管。

三、健全制度，规范互联网金融市场秩序

发展互联网金融要以市场为导向，遵循服务实体经济、服从宏观调控和维护金融稳定的总体目标，切实保障消费者合法权益，维护公平竞争的市场秩序。要细化管理制度，为互联网金融健康发展营造良好环境。

（十三）互联网行业管理

任何组织和个人开设网站从事互联网金融业务的，除应按规定履行相关金融监管程序外，还应依法向电信主管部门履行网站备案手续，否则不得开展互联网金融业务。工业和信息化部负责对互联网金融业务涉及的电信业务进行监管，国家互联网信息办公室负责对金融信息服务、互联网信息内容等业务进行监管，两部门按职责制定相关监管细则。

（十四）客户资金第三方存管制度

除另有规定外，从业机构应当选择符合条件的银行业金融机构作为资金存管机构，对客户资金进行管理和监督，实现客户资金与从业机构自身资金分账管理。客户资金存管账户应接受独立审计并向客户公开审计结果。人民银行会同金融监管部门按照职责分工实施监管，并制定相关监管细则。

（十五）信息披露、风险提示和合格投资者制度

从业机构应当对客户进行充分的信息披露，及时向投资者公布其经营活动和财务状况的相关信息，以便投资者充分了解从业机构运作状况，促使从业机构稳健经营和控制风险。从业机构应当向各参与方详细说明交易模式、参与方的权利和义务，并进行充分的风险提示。要研究建立互联网金融的合格投资者制度，提升投资者保护水平。有关部门按照职责分工负责监管。

（十六）消费者权益保护

研究制定互联网金融消费者教育规划，及时发布维权提示。加强互联网金融产品合

同内容、免责条款规定等与消费者利益相关的信息披露工作，依法监督处理经营者利用合同格式条款侵害消费者合法权益的违法、违规行为。构建在线争议解决、现场接待受理、监管部门受理投诉、第三方调解以及仲裁、诉讼等多元化纠纷解决机制。细化完善互联网金融个人信息保护的原则、标准和操作流程。严禁网络销售金融产品过程中的不实宣传、强制捆绑销售。人民银行、银监会、证监会、保监会会同有关行政执法部门，根据职责分工依法开展互联网金融领域消费者和投资者权益保护工作。

（十七）网络与信息安全

从业机构应当切实提升技术安全水平，妥善保管客户资料和交易信息，不得非法买卖、泄露客户个人信息。人民银行、银监会、证监会、保监会、工业和信息化部、公安部、国家互联网信息办公室分别负责对相关从业机构的网络与信息安全保障进行监管，并制定相关监管细则和技术安全标准。

（十八）反洗钱和防范金融犯罪

从业机构应当采取有效措施识别客户身份，主动监测并报告可疑交易，妥善保存客户资料和交易记录。从业机构有义务按照有关规定，建立健全有关协助查询、冻结的规章制度，协助公安机关和司法机关依法、及时查询、冻结涉案财产，配合公安机关和司法机关做好取证和执行工作。坚决打击涉及非法集资等互联网金融犯罪，防范金融风险，维护金融秩序。金融机构在和互联网企业开展合作、代理时应根据有关法律和规定签订包括反洗钱和防范金融犯罪要求的合作、代理协议，并确保不因合作、代理关系而降低反洗钱和金融犯罪执行标准。人民银行牵头负责对从业机构履行反洗钱义务进行监管，并制定相关监管细则。打击互联网金融犯罪工作由公安部牵头负责。

（十九）加强互联网金融行业自律

充分发挥行业自律机制在规范从业机构市场行为和保护行业合法权益等方面的积极作用。人民银行会同有关部门，组建中国互联网金融协会。协会要按业务类型，制定经营管理规则和行业标准，推动机构之间的业务交流和信息共享。协会要明确自律惩戒机制，提高行业规则和标准的约束力。强化守法、诚信、自律意识，树立从业机构服务经济社会发展的正面形象，营造诚信规范发展的良好氛围。

（二十）监管协调与数据统计监测

各监管部门要相互协作、形成合力，充分发挥金融监管协调部际联席会议制度的作用。人民银行、银监会、证监会、保监会应当密切关注互联网金融业务发展及相关风险，对监管政策进行跟踪评估，适时提出调整建议，不断总结监管经验。财政部负责互联网金融从业机构财务监管政策。人民银行会同有关部门，负责建立和完善互联网金融数据统计监测体系，相关部门按照监管职责分工负责相关互联网金融数据统计和监测工作，并实现统计数据和信息共享。

《推进普惠金融发展规划（2016—2020 年）》

（国发〔2015〕74 号）

普惠金融是指立足机会平等要求和商业可持续原则，以可负担的成本为有金融服务需求的社会各阶层和群体提供适当、有效的金融服务。小微企业、农民、城镇低收入人群、贫困人群和残疾人、老年人等特殊群体是当前我国普惠金融重点服务对象。大力发展普惠金融，是我国全面建成小康社会的必然要求，有利于促进金融业可持续均衡发展，推动大众创业、万众创新，助推经济发展方式转型升级，增进社会公平和社会和谐。

党中央、国务院高度重视发展普惠金融。党的十八届三中全会明确提出发展普惠金融。2015 年《政府工作报告》提出，要大力发展普惠金融，让所有市场主体都能分享金融服务的雨露甘霖。为推进普惠金融发展，提高金融服务的覆盖率、可得性和满意度，增强所有市场主体和广大人民群众对金融服务的获得感，特制定本规划。

一、总体思路

（一）发展现状

近年来，我国普惠金融发展呈现出服务主体多元、服务覆盖面较广、移动互联网支付使用率较高的特点，人均持有银行账户数量、银行网点密度等基础金融服务水平已达到国际中上游水平，但仍面临诸多问题与挑战：普惠金融服务不均衡，普惠金融体系不健全，法律法规体系不完善，金融基础设施建设有待加强，商业可持续性有待提升。

（二）指导思想

全面贯彻党的十八大和十八届三中、四中、五中全会精神，按照党中央、国务院决策部署，坚持借鉴国际经验与体现中国特色相结合、政府引导与市场主导相结合、完善基础金融服务与改进重点领域金融服务相结合，不断提高金融服务的覆盖率、可得性和满意度，使最广大人民群众公平分享金融改革发展的成果。

（三）基本原则

健全机制、持续发展。建立有利于普惠金融发展的体制机制，进一步加大对薄弱环节金融服务的政策支持，提高精准性与有效性，调节市场失灵，确保普惠金融业务持续发展和服务持续改善，实现社会效益与经济效益的有机统一。

机会平等、惠及民生。以增进民生福祉为目的，让所有阶层和群体能够以平等的机会、合理的价格享受到符合自身需求特点的金融服务。

市场主导、政府引导。正确处理政府与市场的关系，尊重市场规律，使市场在金融资源配置中发挥决定性作用。更好地发挥政府在统筹规划、组织协调、均衡布局、政策扶持等方面的引导作用。

防范风险、推进创新。加强风险监管，保障金融安全，维护金融稳定。坚持监管和创新并行，加快建立适应普惠金融发展要求的法制规范和监管体系，提高金融监管有效性。在有效防范风险的基础上，鼓励金融机构推进金融产品和服务方式创新，适度降低服务成本。对难点问题要坚持先试点，试点成熟后再推广。

统筹规划、因地制宜。从促进我国经济社会发展、城乡和区域平衡出发，加强顶层设计、统筹协调，优先解决欠发达地区、薄弱环节和特殊群体的金融服务问题，鼓励各部门、各地区结合实际，积极探索，先行先试，扎实推进，做到服水土、接地气、益大众。

（四）总体目标

到2020年，建立与全面建成小康社会相适应的普惠金融服务和保障体系，有效提高金融服务可得性，明显增强人民群众对金融服务的获得感，显著提升金融服务满意度，满足人民群众日益增长的金融服务需求，特别是要让小微企业、农民、城镇低收入人群、贫困人群和残疾人、老年人等及时获取价格合理、便捷安全的金融服务，使我国普惠金融发展水平居于国际中上游水平。

提高金融服务覆盖率。要基本实现乡乡有机构，村村有服务，乡镇一级基本实现银行物理网点和保险服务全覆盖，巩固助农取款服务村级覆盖网络，提高利用效率，推动行政村一级实现更多基础金融服务全覆盖。拓展城市社区金融服务广度和深度，显著改善城镇企业和居民金融服务的便利性。

提高金融服务可得性。大幅改善对城镇低收入人群、困难人群以及农村贫困人口、创业农民、创业大中专学生、残疾劳动者等初始创业者的金融支持，完善对特殊群体的无障碍金融服务。加大对新业态、新模式、新主体的金融支持。提高小微企业和农户贷款覆盖率。提高小微企业信用保险和贷款保证保险覆盖率，力争使农业保险参保农户覆盖率提升至95%以上。

提高金融服务满意度。有效提高各类金融工具的使用效率。进一步提高小微企业和农户申贷获得率和贷款满意度。提高小微企业、农户信用档案建档率。明显降低金融服务投诉率。

二、健全多元化广覆盖的机构体系

充分调动、发挥传统金融机构和新型业态主体的积极性、能动性，引导各类型机构和组织结合自身特点，找准市场定位，完善机制建设，发挥各自优势，为所有市场主体和广大人民群众提供多层次全覆盖的金融服务。

（一）发挥各类银行机构的作用

鼓励开发性政策性银行以批发资金转贷形式与其他银行业金融机构合作，降低小微企业贷款成本。强化农业发展银行政策性功能定位，加大对农业开发和水利、贫困地区公路等农业农村基础设施建设的贷款力度。

鼓励大型银行加快建设小微企业专营机构。继续完善农业银行"'三农'金融事业部"管理体制和运行机制，进一步提升"三农"金融服务水平。引导邮政储蓄银行稳步发展小额涉农贷款业务，逐步扩大涉农业务范围。鼓励全国性股份制商业银行、城市商业银行和民营银行扎根基层、服务社区，为小微企业、"三农"和城镇居民提供更有针对性、更加便利的金融服务。

推动省联社加快职能转换，提高农村商业银行、农村合作银行、农村信用联社服务小微企业和"三农"的能力。加快在县（市、旗）集约化发起设立村镇银行步伐，重点布局中西部和老少边穷地区、粮食主产区、小微企业聚集地区。

（二）规范发展各类新型机构

拓宽小额贷款公司和典当行融资渠道，加快接入征信系统，研究建立风险补偿机制和激励机制，努力提升小微企业融资服务水平。鼓励金融租赁公司和融资租赁公司更好地满足小微企业和涉农企业设备投入与技术改造的融资需求。促进消费金融公司和汽车金融公司发展，激发消费潜力，促进消费升级。

积极探索新型农村合作金融发展的有效途径，稳妥开展农民合作社内部资金互助试点。注重建立风险损失吸收机制，加强与业务开展相适应的资本约束，规范发展新型农村合作金融。支持农村小额信贷组织发展，持续向农村贫困人群提供融资服务。

大力发展一批以政府出资为主的融资担保机构或基金，推进建立重点支持小微企业和"三农"的省级再担保机构，研究论证设立国家融资担保基金。

促进互联网金融组织规范健康发展，加快制定行业准入标准和从业行为规范，建立信息披露制度，提高普惠金融服务水平，降低市场风险和道德风险。

（三）积极发挥保险公司保障优势

保持县域内农业保险经营主体的相对稳定，引导保险机构持续加大对农村保险服务网点的资金、人力和技术投入。支持保险机构与基层农林技术推广机构、银行业金融机构、各类农业服务组织和农民合作社合作，促进农业技术推广、生产管理、森林保护、动物保护、防灾防损、家庭经济安全等与农业保险、农村小额人身保险相结合。发挥农村集体组织、农民合作社、农业社会化服务组织等基层机构的作用，组织开展农业保险和农村小额人身保险业务。完善农业保险协办机制。

三、创新金融产品和服务手段

积极引导各类普惠金融服务主体借助互联网等现代信息技术手段，降低金融交易成本，延伸服务半径，拓展普惠金融服务的广度和深度。

（一）鼓励金融机构创新产品和服务方式

推广创新针对小微企业、高校毕业生、农户、特殊群体以及精准扶贫对象的小额贷款。开展动产质押贷款业务，建立以互联网为基础的集中统一的自助式动产、权利抵质押登记平台。研究创新对社会办医的金融支持方式。开发适合残疾人特点的金融产品。加强对网上银行、手机银行的开发和推广，完善电子支付手段。引导有条件的银行业金融机构设立无障碍银行服务网点，完善电子服务渠道，为残疾人和老年人等特殊群体提供无障碍金融服务。

在全国中小企业股份转让系统增加适合小微企业的融资品种。进一步扩大中小企业债券融资规模，逐步扩大小微企业增信集合债券发行规模。发展并购投资基金、私募股权投资基金、创业投资基金。支持符合条件的涉农企业在多层次资本市场融资。支持农产品期货市场发展，丰富农产品期货品种，拓展农产品期货及期权市场服务范围。完善期货交易机制，为规避农产品价格波动风险提供有效手段。

鼓励地方各级人民政府建立小微企业信用保证保险基金，用于小微企业信用保证保险的保费补贴和贷款本金损失补偿。引导银行业金融机构对购买信用保险和贷款保证保险的小微企业给予贷款优惠政策。鼓励保险公司投资符合条件的小微企业专项债券。扩大农业保险覆盖面，发展农作物保险、主要畜产品保险、重要"菜篮子"品种保险和森林保险，推广农房、农机具、设施农业、渔业、制种保险等业务。支持保险公司开发适合低收入人群、残疾人等特殊群体的小额人身保险及相关产品。

（二）提升金融机构科技运用水平

鼓励金融机构运用大数据、云计算等新兴信息技术，打造互联网金融服务平台，为客户提供信息、资金、产品等全方位金融服务。鼓励银行业金融机构成立互联网金融专营事业部或独立法人机构。引导金融机构积极发展电子支付手段，逐步构筑电子支付渠道与固定网点相互补充的业务渠道体系，加快以电子银行和自助设备补充、替代固定网点的进度。推广保险移动展业，提高特殊群体金融服务可得性。

（三）发挥互联网促进普惠金融发展的有益作用

积极鼓励网络支付机构服务电子商务发展，为社会提供小额、快捷、便民支付服务，提升支付效率。发挥网络借贷平台融资便捷、对象广泛的特点，引导其缓解小微企业、农户和各类低收入人群的融资难问题。发挥股权众筹融资平台对大众创业、万众创新的支持作用。发挥网络金融产品销售平台门槛低、变现快的特点，满足各消费群体多层次的投资理财需求。

四、加快推进金融基础设施建设

金融基础设施是提高金融机构运行效率和服务质量的重要支柱和平台，有助于改善普惠金融发展环境，促进金融资源均衡分布，引导各类金融服务主体开展普惠金融服务。

（一）推进农村支付环境建设

鼓励银行机构和非银行支付机构面向农村地区提供安全、可靠的网上支付、手机支付等服务，拓展银行卡助农取款服务广度和深度。支持有关银行机构在乡村布放 POS机、自动柜员机等各类机具，进一步向乡村延伸银行卡受理网络。支持农村金融服务机构和网点采取灵活、便捷的方式接入人民银行支付系统或其他专业化支付清算系统。鼓励商业银行代理农村地区金融服务机构支付结算业务。支持农村支付服务市场主体多元化发展。鼓励各地人民政府和国务院有关部门通过财政补贴、降低电信资费等方式扶持偏远、特困地区的支付服务网络建设。

（二）建立健全普惠金融信用信息体系

加快建立多层级的小微企业和农民信用档案平台，实现企业主个人、农户家庭等多维度信用数据可应用。扩充金融信用信息基础数据库接入机构，降低普惠金融服务对象征信成本。积极培育从事小微企业和农民征信业务的征信机构，构建多元化信用信息收集渠道。依法采集户籍所在地、违法犯罪记录、工商登记、税收登记、出入境、扶贫人口、农业土地、居住状况等政务信息，采集对象覆盖全部农民、城镇低收入人群及小微企业，通过全国统一的信用信息共享交换平台及地方各级信用信息共享平台，推动政务信息与金融信息互联互通。

（三）建立普惠金融统计体系

建立健全普惠金融指标体系。在整合、甄选目前有关部门涉及普惠金融管理数据基础上，设计形成包括普惠金融可得情况、使用情况、服务质量的统计指标体系，用于统计、分析和反映各地区、各机构普惠金融发展状况。建立跨部门工作组，开展普惠金融专项调查和统计，全面掌握普惠金融服务基础数据和信息。建立评估考核体系，形成动态评估机制。从区域和机构两个维度，对普惠金融发展情况进行评价，督促各地区、各金融机构根据评价情况改进服务工作。

五、完善普惠金融法律法规体系

逐步制定和完善普惠金融相关法律法规，形成系统性的法律框架，明确普惠金融服务供给、需求主体的权利义务，确保普惠金融服务有法可依、有章可循。

（一）加快建立发展普惠金融基本制度

在健全完善现有"三农"金融政策基础上，研究论证相关综合性法律制度，满足"三农"金融服务诉求。对土地经营权、宅基地使用权、技术专利权、设备财产使用权和场地使用权等财产权益，积极开展确权、登记、颁证、流转等方面的规章制度建设。研究完善推进普惠金融工作相关制度，明确对各类新型机构的管理责任。

（二）确立各类普惠金融服务主体法律规范

研究探索规范民间借贷行为的有关制度。推动制定非存款类放贷组织条例、典当业管理条例等法规。配套出台小额贷款公司管理办法、网络借贷管理办法等规定。通过法律法规明确从事扶贫小额信贷业务的组织或机构的定位。加快出台融资担保公司管理条例。推动修订农民专业合作社法，明确将农民合作社信用合作纳入法律调整范围。推动修订证券法，夯实股权众筹的法律基础。

（三）健全普惠金融消费者权益保护法律体系

修订完善现有法律法规和部门规章制度，建立健全普惠金融消费者权益保护制度体系，明确金融机构在客户权益保护方面的义务与责任。制定针对农民和城镇低收入人群的金融服务最低标准，制定贫困、低收入人口金融服务费用减免办法，保障并改善特殊消费者群体金融服务权益。完善普惠金融消费者权益保护监管工作体系，进一步明确监管部门相关执法权限与责任标准。

六、发挥政策引导和激励作用

根据薄弱领域、特殊群体金融服务需求变化趋势，调整完善管理政策，促进金融资源向普惠金融倾斜。

（一）完善货币信贷政策

积极运用差别化存款准备金等货币政策工具，鼓励和引导金融机构更多地将新增或者盘活的信贷资源配置到小微企业和"三农"等领域。进一步增强支农支小再贷款、再贴现支持力度，引导金融机构扩大涉农、小微企业信贷投放，降低社会融资成本。

（二）健全金融监管差异化激励机制

以正向激励为导向，从业务和机构两方面采取差异化监管政策，引导银行业金融机构将信贷资源更多地投向小微企业、"三农"、特殊群体等普惠金融薄弱群体和领域。推进小微企业专营机构和网点建设。有序开展小微企业金融债券、"三农"金融债券的申报和发行工作。进一步研究加强对小微企业和"三农"贷款服务、考核和核销方式的创新。推进落实有关提升小微企业和"三农"不良贷款容忍度的监管要求，完善尽职免责相关制度。

积极发挥全国中小企业股份转让系统、区域性股权市场、债券市场和期货市场的作用，引导证券投资基金、私募股权投资基金、创业投资基金增加有效供给，进一步丰富中小企业和"三农"的融资方式。

加强农业保险统筹规划，完善农业保险管理制度，建立全国农业保险管理信息平台，进一步完善中国农业保险再保险共同体运行机制。扶持小额人身保险发展，支持保险公司开拓县域市场，对其在中西部设立省级分公司和各类分支机构适度放宽条件、优先审批。

（三）发挥财税政策作用

立足公共财政职能，完善、用好普惠金融发展专项资金，重点针对普惠金融服务市场失灵的领域，遵循保基本、有重点、可持续的原则，对普惠金融相关业务或机构给予适度支持。发挥财政资金杠杆作用，支持和引导地方各级人民政府、金融机构及社会资本支持普惠金融发展，更好地保障困难人群的基础金融服务可得性和适用性。落实小微企业和"三农"贷款的相关税收扶持政策。推动落实支持农民合作社和小微企业发展的各项税收优惠政策。

（四）强化地方配套支持

地方各级人民政府要加强政策衔接与配合，共筑政策支撑合力。鼓励地方财政通过贴息、补贴、奖励等政策措施，激励和引导各类机构加大对小微企业、"三农"和民生尤其是精准扶贫等领域的支持力度。对金融机构注册登记、房产确权评估等给予政策支持。省级人民政府要切实承担起防范和处置非法集资第一责任人的责任。排查和化解各类风险隐患，提高地方金融监管有效性，严守不发生系统性、区域性金融风险的底线。

七、加强普惠金融教育与金融消费者权益保护

结合国情深入推进金融知识普及教育，培育公众的金融风险意识，提高金融消费者维权意识和能力，引导公众关心、支持、参与普惠金融实践活动。

（一）加强金融知识普及教育

广泛利用电视广播、书刊杂志、数字媒体等渠道，多层面、广角度长期有效普及金融基础知识。针对城镇低收入人群、困难人群，以及农村贫困人口、创业农民、创业大中专学生、残疾劳动者等初始创业者开展专项教育活动，使其掌握符合其需求的金融知识。注重培养社会公众的信用意识和契约精神。建立金融知识教育发展长效机制，推动部分大中小学积极开展金融知识普及教育，鼓励有条件的高校开设金融基础知识相关公共课。

（二）培育公众金融风险意识

以金融创新业务为重点，针对金融案件高发领域，运用各种新闻信息媒介开展金融风险宣传教育，促进公众强化金融风险防范意识，树立"收益自享、风险自担"观念。重点加强与金融消费者权益有关的信息披露和风险提示，引导金融消费者根据自身风险承受能力和金融产品风险特征理性投资与消费。

（三）加大金融消费者权益保护力度

加强金融消费者权益保护监督检查，及时查处侵害金融消费者合法权益行为，维护金融市场有序运行。金融机构要担负起受理、处理金融消费纠纷的主要责任，不断完善工作机制，改进服务质量。畅通金融机构、行业协会、监管部门、仲裁、诉讼等金融消费争议解决渠道，试点建立非诉第三方纠纷解决机制，逐步建立适合我国国情的多元化金融消费纠纷解决机制。

（四）强化普惠金融宣传

加大对普惠金融的宣传力度。建立普惠金融发展信息公开机制，定期发布中国普惠金融指数和普惠金融白皮书。

八、组织保障和推进实施

（一）加强组织保障

由银监会、人民银行牵头，发展改革委、工业和信息化部、民政部、财政部、农业部、商务部、林业局、证监会、保监会、中国残联等部门和单位参加，建立推进普惠金融发展工作协调机制，加强人员保障和理论研究，制定促进普惠金融发展的重大政策措施，协调解决重大问题，推进规划实施和相关政策落实，切实防范金融风险。国务院各有关部门要加强沟通，密切配合，根据职责分工完善各项配套政策措施。地方各级人民政府要加强组织领导，完善协调机制，结合本地实际抓紧制订具体落实方案，及时将实施过程中出现的新情况、新问题报送银监会、人民银行等有关部门。

（二）开展试点示范

规划实施应全面推进、突出重点、分步开展、防范风险。对需要深入研究解决的难点问题，可在小范围内分类开展试点示范，待试点成熟后，再加以总结推广。各地区要在风险可控、依法合规的条件下，开展推进普惠金融发展试点，推动改革创新，加强实践验证。积极探索发挥基层组织在推进普惠金融发展中的作用。

（三）加强国际交流

深化与其他国家和地区以及世界银行、全球普惠金融合作伙伴组织等国际组织的交流，开展多形式、多领域的务实合作，探索双边、多边的示范性项目合作，提升我国普惠金融国际化水平。

（四）实施专项工程

围绕普惠金融发展重点领域、重点人群，集合资源，大力推进金融知识扫盲工程、移动金融工程、就业创业金融服务工程、扶贫信贷工程、大学生助学贷款工程等专项工程，促进实现规划目标。

（五）健全监测评估

加快建立推进普惠金融发展监测评估体系，实施动态监测与跟踪分析，开展规划中期评估和专项监测，注重金融风险的监测与评估，及时发现问题并提出改进措施。引导和规范互联网金融有序发展，有效防范和处置互联网金融风险。要切实落实监督管理部门对非法集资的防范、监测和预警等职责。加强督察，强化考核，把推进普惠金融发展工作作为目标责任考核和政绩考核的重要内容。

附件 2　部分省市促进互联网金融发展的相关政策

2015 年，互联网金融首次被写进"十三五"规划。P2P 网贷、第三方支付、众筹等互联网金融各领域均进入到前所未有的发展阶段，特别是国务院总理李克强曾两次公开表示支持网络借贷行业的发展，全国多地区也出台支持互联网金融行业发展政策，本报告附件梳理了部分省市促进互联网金融发展的相关政策。我们发现，除了鼓励互联网金融发展的指导性文件以外，不乏一些划定了"底线"、带有监管性质的政策文件，而且在这些政策文件中"股权众筹"是互联网金融发展中的重点。

2015 年 10 月，北京市人民政府制定并发布《北京市关于大力推进大众创业万众创新的实施意见》（京政发〔2015〕49 号）。《意见》提出：

加快发展互联网金融，支持有条件的金融机构建设创新型互联网平台，依法依规设立互联网支付机构、网络借贷平台、网络金融产品销售平台等；积极开展股权众筹融资试点，打造中关村股权众筹中心，支持中关村股权众筹联盟发展，争取互联网股权众筹平台等方面的优惠政策在中关村国家自主创新示范区先行先试。

鼓励高端业态创新创业，积极推进传统产业与新兴业态融合发展，大力推进电子商务、互联网教育、互联网金融、互联网健康、智慧能源、智慧农业、智能制造等业态发展，推动生活性服务业规范化、连锁化、便利化、品牌化、特色化发展。

2015 年 1 月，广州市人民政府办公厅发布《关于推进广州互联网金融产业发展的实施意见》（穗府办〔2015〕3 号）。《意见》提出：

发展第三方支付机构。支持第三方支付机构与金融机构共同搭建安全、高效的在线支付平台，开展在线支付、跨境支付、移动支付、基金销售支付等业务。争取国家金融监管部门支持，引导符合条件、有产业支撑的机构设立更多以网络支付为主营业务的第三方支付机构。支持第三方支付机构通过并购等多种方式做大做强。

发展 P2P 网贷机构。支持 P2P 网贷机构加强信息披露，接受市场和投资者的监督。引导 P2P 网贷机构采取由第三方托管资金、设立风险保障金以及引入第三方担保、基金担保、保险担保主体等措施，健全风险控制体系，规范稳健运营。支持广州地区的企业集团或金融控股集团发起设立 P2P 网贷机构，利用集团资源优势做大做强，完善集团产业链条。支持 P2P 网贷机构明确市场定位，创新产品，加快发展，形成特色与品牌。

发展众筹平台。加大政策扶持力度，引导各类众筹平台在广州市集聚发展，大力开展股权众筹、实物众筹等业务。支持各类要素交易平台大力开展众筹业务，完善平台服务功能。支持广州股权交易中心发展"青创板"股权众筹平台，引导各类创业资金进入"青创板"，提高股权众筹对接效率，打造全国青年创业项目和创业企业综合金融服务的知名品牌。

2015 年 7 月，广东省人民政府发布《关于创新完善中小微企业投融资机制的若干意见》（粤府〔2015〕66号）。《意见》提出：

依托互联网金融扩大中小微企业直接融资。允许以第三方支付、点对点网络贷款（P2P）、众筹平台等为代表的互联网金融企业，在注册企业名称或营业范围中使用"互联网金融信息服务"、"互联网金融"等字样。开展互联网股权众筹试点，在区域性股权市场建设股权众筹交易板块，实现中小微企业股权众筹的登记确认和流转交易。支持供应链龙头企业为中小微企业提供包含融资在内的综合服务。规范发展互联网金融平台，切实防范金融风险。

2015年7月，广东省人民政府发布《开展互联网股权众筹试点工作方案》（粤金〔2015〕46号）。《方案》提出：

鼓励开展的模式：科技众筹模式；纯互联网运营模式；一站式创业综合服务模式；互联网众筹交易中心模式；专注新三板股权投资模式；依托区域性股权交易市场的股权众筹综合服务模式；与公益众筹相结合模式；综合金融服务模式；其他创新模式，鼓励各试点平台在风险可控的前提下，结合实际和自身特点，探索新的运营模式。

禁止从事的行为：各试点平台应当遵守《公司法》和《证券法》等有关规定，不得从事非法集资、非法发行证券（向不特定对象发行证券或向特定对象发行证券累计超过200人）等违法犯罪活动，不得有以下行为：通过本机构互联网平台为自身或关联方融资；对众筹项目提供对外担保或进行股权代持；提供股权或其他形式的有价证券的转让服务；利用平台自身优势获取投资机会或误导投资者；向非实名注册用户宣传或推介融资项目；从事证券承销、投资顾问、资产管理等证券经营机构业务（具有相关业务资格的证券经营机构除外）；兼营P2P网络借贷或网络小额贷款业务；采用恶意诋毁、贬损同行等不正当竞争手段；法律法规和证券业协会规定禁止的其他行为。

2015年7月，广东省工商行政管理局关于印发贯彻落实《工商管理局关于支持中国（广东）自由贸易试验区建设的若干意见》的实施意见的通知（工商办字〔2015〕76号）。《意见》提出：

鼓励广东自贸试验区资本市场创新发展。鼓励在广东自贸试验区设立创业投资公司、创业投资管理公司、股权投资公司、股权投资管理公司，支持股权众筹平台和众筹项目企业登记注册，推动建立工商登记部门与区域性股权市场的股权登记对接机制，支持股权质押融资。

2015年9月，广东省人民政府办公厅关于印发《广东省"互联网＋"行动计划（2015—2020年）》的通知（粤府办〔2015〕53号）。《行动计划》提出：

"互联网＋现代金融"的工作目标：到2017年底前，培育互联网金融全牌照控股集团1家，支持1000个互联网创业创新项目实现网上融资和孵化发展。到2020年底前，培育互联网金融全牌照控股集团3家，支持2000个互联网创业创新项目实现网上融资和孵化发展，形成较为完善的互联网融资生态圈。

重点任务：互联网＋金融服务。依托中国（广东）自由贸易试验区和广州、深圳区域金融中心，发展P2P网络贷款、互联网支付、供应链金融等互联网金融新业态。支持传统银行、证券、保险、基金与互联网融合创新，发展网络银行、网络借贷、网络证券、网络保险、互联网理财产品销售、网络消费信贷等金融新模式。推动广东省互联网企业与金融机构开展产品、技术、服务创新，拓展互联网金融服务，打造互联网金融产业链。培育发展互联网金融全牌照控股集团，形成引领全国互联网金融发展的领军力量。探索开展互联网金融技术标准化工作，加快推动互联网金融国际化发展。

"互联网＋股权众筹"。积极争取开展互联网股权众筹融资试点，发展知识产权质押网络融资。探索发展科技众筹、纯互联网运营、一站式创业综合服务、专注新三板股权投资、综合金融服务等股权众筹模式，支持创业创新优质项目开展网上融资，引导并规范社会资本参与股权众筹平台建设和运营，构建覆盖全省、辐射全国、线上线下结合的互联网股权众筹平台体系。

"互联网＋金融监管"。加强对互联网支付、网络借贷、股权众筹融资、互联网基金销售、互联网保险、互联网信托和互联网消费金融的监管，保护消费者合法权益，维护公平竞争的互联网金融市场秩序。建立健全互联网金融网站备案审查、客户资金第三方存管、信息披露、风险提示和合格投资者等制度，开展互联网金融业务数据统计、监测和风险评估，加强互联网金融网络与信息安全保障体系建设，提升互联网金融安全风险防范能力。

2015 年 8 月，上海市黄浦区人民政府印发《黄浦区关于进一步支持互联网金融健康发展的若干意见》。《意见》提出：

为进一步加快机构集聚，规范行业发展，鼓励金融创新，优化产业生态，继续保持外滩金融创新试验区在互联网金融领域的领先地位，现结合发展实际，在前期政策的基础上提出如下十条意见：

一是进一步做优做强、推进引导集聚；二是进一步鼓励业态创新、模式创新和产品创新；三是进一步强化互联网金融的孵化功能；四是进一步支持互联网金融企业融资能力的提升；五是进一步发挥专业园区的优势；六是进一步加快网络征信及网络知识产权保护工作；七是进一步奖励创新、服务创新人才；八是进一步加强学术研究体系和外滩金融品牌建设；九是进一步强化管理服务和金融风险防范；十是进一步推进行业自律与消费者保护。

2015 年 8 月，上海市人民政府办公厅印发《关于促进金融服务创新支持上海科技创新中心建设的实施意见》的通知（沪府办〔2015〕76 号）。《意见》提出：

鼓励融合创新，支持互联网金融稳步发展。鼓励持牌金融机构依托互联网技术，实现传统金融业务与服务转型升级，积极开发基于互联网技术的新产品和新服务。支持符合条件的企业在本市发起设立以互联网为主要业务载体或以互联网业务为主要服务领域的各类持牌金融机构。支持大型电子商务平台等互联网企业在本市设立小额贷款、融资担保、融资租赁、商业保理等地方新型金融企业。鼓励和引导互联网金融为科技创新企业提供多样、灵活的金融服务，支持科技创新企业通过互联网按规定开展非公开股权融资。允许符合规定的科技金融创新企业接入相关支付清算系统，提高资金使用效率。

推动开展股权众筹融资业务试点。引导、支持大型互联网企业、证券公司、私募股权投资等相关机构依法合规在沪开展股权众筹业务，支持各类股权众筹融资平台创新业务模式、拓展业务领域，推动符合条件的科技创新企业通过股权众筹融资平台募集资金。支持相关交易市场开展股权众筹投资企业股权挂牌及股权众筹投资份额登记、转让等相关业务，健全行业生态系统。提高工商登记便利化，方便股权众筹投资主体注册登记。引导、支持广大投资人通过股权众筹渠道对本市创新、创业企业进行投资。

规范市场秩序，引导互联网金融健康发展。支持互联网金融企业组建行业协会等自律组织，推进互联网金融行业信息披露工作，建设互联网金融信用信息交换与信息安全公共服务平台。依托人民银行征信系统和"上海市公共信用信息服务平台"，加强互联网金融领域社会信用体系建设，支持征信机构面向互联网金融领域加强产品研发和服务创新。加强部门联动，完善上海互联网金融领域监管协调与风险预警防范机制。依法查处、严厉打击互联网金融领域涉嫌非法集资、高利放贷、虚假广告、非法经营、资金诈骗等违法犯罪行为。完善互联网金融安全保障环境，推动互联网金融企业健康发展。

2015 年 1 月，浙江省金融办、中国人民银行杭州中心支行、中国银监会浙江监管局、中国证监会浙江监管局、中国保监会浙江监管局关于印发《浙江省促进互联网金融持续健康发展暂行办法》的通知（浙金融办〔2015〕8 号）。《意见》提出：

互联网金融以服务实体经济为本，走新型专业化金融服务模式之路，并力争将浙江打造成全国互联网金融创新中心。并强调互联网金融应严守法律底线，对第三方支付机构、P2P 网络借贷平台、股权众筹融资平台、金融产品网络销售平台分别提出了明确应遵守的主要规则，同时强调互联网金融应有效保障信息科技安全。

第三方支付机构应遵守的主要规则：

——第三方支付机构得转让或变相转让、出租、出借《支付业务许可证》。未经中国人民银行批准，任何非金融机构和个人不得从事或变相从事第三方支付业务。

——第三方支付机构之间的货币资金转移应当委托银行业金融机构办理，不得通过支付机构相互存放资金或委托其他支付机构等形式办理。

——第三方支付机构只能根据客户发起的支付指令转移备付金，不得擅自挪用、占用、借用客户备付金，不得擅自以客户备付金为他人提供担保，不得办理现金支取。实缴货币资本与客户备付金日均余额的比例，不得低于 10%。

——第三方支付机构要切实落实客户实名制规定，有效识别客户身份信息，严格履行反洗钱义务。

P2P 网络借贷平台应遵守的主要规则：

——P2P 网络借贷平台应当明确为借贷双方通过互联网渠道提供小额借贷信息服务的定位，从事信息中介业务，不得从事贷款或受托投资业务，不得承担信用风险和流动性风险。

——P2P网络借贷平台不得非法吸收公众资金，不得接受、归集和管理投资者资金，不得建立资金池，原则上应将资金交由银行业金融机构进行第三方存管。

——P2P网络借贷平台不得自身为投资者提供担保，不得出具借款本金或收益的承诺保证。

——P2P网络借贷平台应当向投资者做好风险提示，不得在宣传中出现虚假、夸大、误导性的表述，不得向客户违规承诺或宣传保本。

股权众筹融资平台应遵守的主要规则：

——股权众筹不得向社会公开或采用变相公开方式发行，融资者或融资者发起设立的融资企业的股东人数应当符合《证券法》等法律法规的相关规定。

——股权众筹融资平台应当在明显位置公示警示风险底线，充分揭示产品的风险，与投资者签署风险揭示书。

——股权众筹融资平台应当建立信息披露制度，保证投资者可以按照投资合同约定的时间，获取约定的融资项目信息，不得出现误导性或虚假信息披露。

政府支持互联网金融企业发展举措：

——支持筹建行业协会，加强行业自律。支持筹建全省互联网金融行业协会，制定自律公约。加强对互联网金融企业及其从业人员的职业道德操守约束，通过行业自律加强有效监管。

——推动高等院校、专业机构开展互联网金融理论、标准、技术等方面的研究，支持设立专业化的互联网金融研究机构，努力打造具有全国影响力的互联网金融论坛。

——各地、各有关部门在相关法律法规框架下，对互联网金融企业工商登记、增值电信业务经营许可、民间借贷登记、人才引进等方面予以政策支持，支持有条件的互联网金融企业进行软件企业、高新技术企业、技术先进型服务企业等方面认定，加强互联网金融企业专利、软件、品牌等知识产权保护。鼓励有条件的地区建设有特色的互联网金融集聚区，制定有针对性的政策措施，引导互联网金融企业合理集聚。

——支持设立和发展面向互联网金融领域的征信机构或信用信息服务平台，建立互联网金融行业信用信息标准，实现行业内信息共享。推动互联网金融信息接入人民银行征信系统，支持互联网金融企业充分利用各类信用信息查询系统，促进征信信息共享。

——充分发挥省处置非法集资活动联席会议等机制作用，依法严厉打击互联网金融领域的非法吸收公众存款、集资诈骗、洗钱、非法经营、虚假广告、买卖客户信息等违法犯罪活动，推动行政执法与刑事司法有机衔接，营造良好的法治环境。加强互联网金融风险预警，完善省级处置群体性事件应急预案。

2015年11月，江苏省人民政府印发《关于促进互联网金融健康发展的意见》（苏政发〔2015〕142号）。《意见》提出：

鼓励金融业务互联网化。鼓励银行、证券期货、保险金融机构融入互联网，运用互联网思维创新金融产品和服务，以客户为中心改善用户体验，畅通线上线下链接渠道，发展网络信贷、网络证券、互联网保险、网络基金销售、网络消费金融和互联网支付等业务。支持江苏地方法人金融机构设立主要从事互联网金融相关业务的子公司或功能性总部，打造在全国有影响力的互联网金融品牌。支持地方法人保险机构与互联网骨干企业申请发起设立互联网保险公司。鼓励江苏股权交易中心、小额贷款公司、融资性担保（再担保）公司、各类交易场所与优质网络借贷平台、电子商务平台、行业门户网站合作，创新金融服务模式。

支持网络借贷平台规范健康发展。网络借贷要坚持平台功能，为投资方和融资方提供信息交互、撮合、资信评估等中介服务，不得提供增信服务，不得非法集资；要服务实体经济，主要发展小微金融、消费金融、民生金融业务；要合理确定资金价格，降低企业融资成本。网络借贷平台要找准市场定位，细分市场，坚持差异化经营，打造具有生命力的市场品牌。鼓励网络借贷平台与我省各类电子商务平台合作，充分利用平台数据信息资源，研发新的金融产品和服务，拓展业务和发展新空间。支持"开鑫贷"等网络借贷平台加快发展，成为全国行业领军企业。

支持众筹规范创新发展。鼓励各地政府背景的创业投资机构依法合规开展众筹，培育江苏省新型股权投资文化，示范引领众筹业务发展，充实完善我省多层次资本市场体系。引导各类民间资本规范开展众筹业务，寻找优质投资项目，服务创新创业。支持科技创新、文化创意、大学生创业等企业依法申请发起股权众筹，支持电子商务平台等互联网企业规范开展预购式的实物众筹，支持民政部门或福利机构发起社会公益捐赠众筹。

支持互联网行业与金融跨界融合创新。鼓励产业龙头企业、电子商务平台、行业门户网站培育和利用客户圈、供应链、交易平台、信息平台等大数据优势，与金融机构、新型金融组织合作，提供消费金融、供应链金融、金融产品销售代理等延伸服务。鼓励符合条件的企业，发起或参与发起设立互联网科技小额贷款公司等新型金融组织。支持互联网企业依法合规设立互联网支付机构，开展互联网支付、移动支付业务。

大力发展互联网金融配套产业。鼓励发展与互联网金融配套服务的技术装备业和服务外包产业。支持会计、审计、法律、咨询等专业中介机构增强服务互联网金融水平。提高互联网金融产业软硬件自主创新能力，提升大数据存储、安全、云计算、物联网、移动应用及设备研发制造能力。

2015 年 11 月，贵州省金融办下发《关于印发贵州省金融业发展六项行动实施方案的通知》（黔府金发〔2015〕11 号）。省政府金融办联合多部门制定了《贵州省金融机构发展（2015—2017 年）三年行动实施方案》、《贵州省互联网金融发展（2015—2017 年）三年行动实施方案》等六项行动三年实施方案。

其中，《贵州省金融机构发展（2015—2017 年）三年行动实施方案》主要任务之四明确提出：加快区域权益类交易场所和要素市场发展。支持贵州股权金融资产交易中心运用"互联网＋"运营模式，构建基于互联网金融模式的创新型交易服务平台，到 2017

年实现1000家中小微企业挂牌。支持贵州绿地金融资产交易中心发挥集团优势，发展互联网金融交易平台，到2017年累计实现交易量300亿元，并在新三板挂牌或上市。支持贵州中黔金融资产交易中心创新发展。支持贵阳大数据交易所、贵阳众筹金融交易所创新交易服务，到2017年实现交易规模均破10000亿元。积极探索成立由各市（州）参与、相关金融机构入股的全省统一的农村产权交易市场。

《贵州省互联网金融发展（2015—2017年）三年行动实施方案》总体要求：依托我省加快大数据发展的先行优势，大力推动互联网和金融产业双向融合发展，培育新型金融业态和新的经济增长点，将贵州省建设成为在西部具有一定影响力的业态丰富、创新活跃、服务高效的互联网金融创业创新基地。主要任务中提出：

——支持互联网金融企业的设立和发展。支持互联网企业依法合规设立互联网支付机构、网络借贷平台、股权众筹融资平台、网络金融产品销售平台，鼓励电子商务企业在符合金融法律法规规定的条件下自建和完善线上金融服务体系。引导各类众筹平台在贵州省集聚发展，大力开展股权众筹、实物众筹等业务。允许主要从事互联网金融业务的企业在名称中使用"互联网金融"或"网络金融"字样，并在工商登记等环节提供便利。2017年成立网络小贷、网络担保、金融大数据、网络征信公司各至少1家以上。

——推动互联网金融机构融合发展。按照"依法监管、适度监管、分类监管、协同监管、创新监管"的原则，依托大数据产业发展，支持金融机构和互联网企业在贵州省发起设立互联网支付、网络借贷、股权众筹融资、互联网基金销售、互联网保险、互联网信托和互联网消费金融等机构。强化监管协作，促进信息共享，积极为互联网金融监管创造良好条件，推动全省互联网金融机构加快发展。

——鼓励互联网金融企业业务创新。支持互联网金融企业与金融机构在渠道营销、风控外包等方面加强合作。鼓励银行业金融机构为第三方支付机构和网络贷款平台等提供资金存管、支付清算等配套服务。支持互联网金融企业在O2O渠道建设、融资产品开发、供应链金融合作等方面深化创新，加强与电子商务平台合作，满足多元化差异化投融资需求。支持互联网金融企业探索通过股权转让、资产证券化业务、上市等方式拓宽融资渠道。支持金融机构借助互联网推动转型发展，依托社区、商圈、院校等，拓展普惠金融的广度和深度。

2015年11月，天津市人民政府办公厅关于转发市金融局拟定的《天津市金融改革创新三年行动计划（2016—2018年)》的通知（津政办发〔2015〕88号）。《行动计划》提出：

积极发展互联网金融。支持传统金融机构依托互联网技术积极开发新产品和新服务，实现传统金融业务与服务转型升级。培育和引进一批具有行业影响力的互联网公司，发展壮大网络支付、网络借贷、网络征信等互联网金融业态。积极争取设立互联网保险公司。支持股权众筹平台与股权交易市场对接。加快研究出台支持互联网金融发展的政策措施，加快成立互联网金融协会。

2015 年 7 月，武汉市人民政府办公厅印发《关于促进互联网金融产业创新发展的实施意见》的通知（武办发〔2015〕24 号）。《意见》提出：

政府将给予武汉互联网金融以业态多元支持，注册登记支持，市级财政支持等九个方面的支持政策。鼓励互联网金融多业态发展。本意见所支持的互联网金融，包括但不限于利用云计算、互联网、大数据等技术手段依法在武汉市设立的互联网支付机构、网络借贷平台、股权众筹融资平台网络金融产品销售平台等创新型互联网金融组织，以及商业银行、证券基金期货公司、保险公司及保险中介公司等金融机构设立的具有独立法人资格的网络银行、网络证券、网络保险；网络基金销售和网络消费金融等业务等。

附件3　山东省促进互联网金融发展的相关政策

《关于开展互联网私募股权融资试点的意见》

一、总体要求

1. 指导思想。适应互联网金融发展新形势，通过发展互联网私募股权融资业务，实施创新驱动战略，培育发展新兴产业，创新直接融资方式，拓宽融资渠道，完善多层次资本市场体系，推进大众创业万众创新，助推全省经济转型升级。

2. 基本原则。

——坚持依法合规的原则。遵守《公司法》、《证券法》等法律法规，合规经营，规范发展。

——坚持诚实、守信、自愿、公平的原则。保护投资者合法权益，尊重融资者知识产权，不得损害国家利益和社会公共利益。

——坚持服务创新驱动发展战略的原则。以服务大众创业、万众创新为中心，以市场需求为导向，吸引社会资本进入种子期、初创期小微企业和战略性新兴产业及政府鼓励发展的其他产业领域。

——坚持金融创新、试点先行的原则。通过鼓励具备条件的地区和机构强化创新，先行先试，探索可复制的经验做法。

——坚持风险自担的原则。在促进互联网私募股权融资稳健发展的同时，建立健全风险防范长效机制，确保不发生系统性区域性金融风险。

——坚持市场化的原则。营造公平竞争的发展环境，降低成本，简化程序，提高互联网私募股权融资效率。

3. 发展目标。到2020年，形成一批有效满足大众创新创业需求、具有较强专业化服务能力的互联网私募股权融资平台；培育一批具备较强私募股权融资项目领投能力的天使投资人和创业投资机构，畅通投融资渠道；孵化一批创业创新型中小微企业，形成新的产业业态和经济增长点。

二、互联网私募股权融资平台的设立条件与业务规范

4. 平台定义。互联网私募股权融资主要是指通过互联网形式进行非公开小额股权融

资的活动。互联网私募股权融资应通过互联网私募股权融资平台进行。互联网私募股权融资平台是通过互联网平台（互联网网站或其他类似电子媒介）为私募股权投融资双方提供信息发布、需求对接、协助资金划转等相关服务的专业中介机构。

5. 平台设立的准入条件。必须是在中华人民共和国境内依法设立的公司，满足开展业务所必需的实收资本或净资产；具有良好的公司治理结构和有效的组织管理方式，社会声誉好，诚实守信；有合法的互联网平台及其他技术设施；有完善的业务管理制度，包括但不限于业务流程、资金监督、信息安全、防范欺诈、风险管理、投资者纠纷处理、应急预案、业务了结方案等；有与开展互联网私募股权融资相适应的专业人才；鼓励具备条件的平台建立独立评估融资项目的投融资专家委员会；应当具备的其他条件。

6. 平台业务规范。提供互联网非公开方式融资服务，依法控制私募股权融资项目募集人数；对投融资双方进行实名认证，对用户信息的真实性进行必要审核；对融资项目的合法合规性进行必要审核，可行性进行尽职调查，实施过程进行有效监督；融资项目募集资金实行银行业金融机构第三方存管制度，以保证资金独立、安全；建立风险防控机制，有效预防、及时控制和妥善处理突发性事件；妥善保管平台私募股权融资相关信息及资料，保管期限不得少于 10 年；配合相关部门开展反洗钱和打非工作；依法解散、撤销、破产的股权融资平台，不再提供私募股权融资服务，但应妥善处理融资项目未尽事宜。

7. 平台禁止行为。互联网私募股权融资平台不得以公开或采用变相公开方式开展股权融资；不得为融资项目提供担保或进行股权代持；不得利用不对称信息进行内幕交易或利益输送；不得向非实名注册用户开展互联网私募股权融资；不得利用平台开展资金池业务，将不同项目融资资金混同或将融资资金与自有资金混同；不得挪用融资项目资金；未经批准，不得提供股权或其他形式的有价证券的转让服务；不得开展的其他业务。

三、融资者的行为与责任

8. 融资者主体与职责。融资者应当是互联网私募股权融资平台的实名注册用户，融资项目的主体应当是创业创新型中小微企业，融资项目发起的主体应当是创业创新型中小微企业或其发起人。融资者应在线上或线下发布真实、完整的融资计划书，保证融资项目真实、合法；如实披露融资者的商业模式、经营管理、财务状况等内容；充分披露影响或可能影响投资者权益的重大信息和潜在风险；保证募集资金符合项目融资计划投向；及时向主管部门办理有关登记信息。平台应明确融资项目和融资者的准入资格、尽职调查责任的承担主体、尽职调查的基本要求、信息披露的内容和格式等。平台要及时更新项目进度，明确募集资金划给融资方的条件和程序。在融资项目投资后，平台应承担投后管理主体责任，按规定期限披露项目经营数据、重大事项等。

9. 融资发行方式。融资者不得公开或采用变相公开方式发行证券，不得向不特定对象发行证券。融资完成后，股份有限公司股东人数累计不得超过 200 人，有限责任公司股东和有限合伙企业合伙人的人数不得超过 50 人。法律法规另有规定的，从其规定。

四、投资者适当性制度

10. 融资平台适当性要求。互联网私募股权融资平台应当建立投资者适当性制度，明确投资者应具备的条件；对投资者在金融资产收入、风险承担能力、投资交易经历、诚信状况等方面设立准入门槛；投资者适当性制度应向投资者公示。

11. 投资者适当性要求。投资者应具备一定资金实力，对互联网私募股权融资具有必要的风险认知和风险承受能力，并能辨识、判断和承担互联网私募股权融资项目投资风险。投资者对单个项目投资不得超过项目融资总额的10%，对多个项目的投资累计不超过投资者现有金融资产的50%；项目领投人投资比例一般不低于项目投资额的20%。

12. 支持具备条件的股权融资平台探索建立投资人理事会制度。规范约束投资人行为，提高投融资效率，防止风险外溢。

五、政策支持

13. 开展互联网私募股权融资试点。选择具备条件的市、县（市、区）及国家级高新区，着重围绕互联网、信息通信、文化创意、生物制药、节能环保、现代农业、先进制造业等企业或项目，设立互联网私募股权融资试点平台，开展互联网私募股权融资试点。

14. 支持具有投融资发行、交易背景的机构发起设立互联网私募股权融资平台。证券公司、保险公司、股权投资基金管理公司、权益类交易市场、民间资本管理公司等机构在股权投融资服务方面具备较大优势，具有较强风险识别和管理能力，支持其发起设立互联网私募股权融资平台，依法开展互联网私募股权融资业务。鼓励探索建立专业化、特色化股权融资运营模式，引导其立足本地优势，突出区域特色，围绕特定行业，深耕细作，打造富有行业特色的专业化互联网私募股权融资平台。

15. 建立与互联网私募股权融资相适应的退出机制。支持互联网私募股权投资项目完成后，适时在齐鲁股权交易中心、青岛蓝海股权交易中心等权益类交易市场挂牌转让，拓宽股权退出渠道。

16. 落实财政税收优惠政策。各级政府要对互联网私募股权融资给予积极支持。符合条件的私募股权项目，落实扶持小微企业发展的各项财政税收优惠政策，落实科技企业孵化器、大学科技园、研发费用加计扣除、固定资产加速折旧等税收优惠政策。符合众创空间条件的互联网私募股权融资平台适用科技企业孵化器财政税收优惠政策。对符合条件的互联网私募股权融资平台融资者，落实促进高校毕业生、残疾人、退役军人、登记失业人员等创业就业财政税收政策。

六、保障措施

17. 加强组织领导。为搞好互联网私募股权融资试点工作，建立由省金融办牵头，省经信委、省公安厅、省财政厅、省工商局、人民银行济南分行、山东证监局等部门组成的互联网私募股权融资试点工作协调机制，研究制定试点政策措施，协调解决试点工作中遇到的困难和问题，推动试点工作顺利开展。

18. 强化监督管理。在山东省内设立的互联网私募股权融资平台、相关服务机构及拟融资主体的私募股权融资业务行为应接受山东省地方金融监管局（省金融办，下同）监督管理。互联网私募股权融资平台及相关服务机构的业务管理制度、投资者适当性制度、内控制度等及时报告省地方金融监管局。省地方金融监管局对相关主体的监督不应视为对各参与主体资金、利益安全的保证和承担。

19. 落实工作职责。各级各部门要加强统筹规划和政策扶持，为开展互联网私募股权融资试点营造良好环境；各市、县（市、区）金融办（地方金融局）要积极统筹试点工作，协调相关部门共同推进互联网私募股权融资行业加快发展。

20. 推进行业自律。山东省资本市场发展促进会（以下简称"促进会"）要充分发挥行业自律职能，做好互联网私募股权融资行业自律管理工作。私募股权融资平台及相关服务机构应当在促进会备案登记，申请成为促进会成员，并接受促进会行业自律管理。协会要明确自律惩戒机制，提高行业规则和标准的约束力。强化守法、诚信、自律意识，树立从业机构服务经济社会发展的正面形象，营造诚信规范发展的良好氛围。促进会根据本《意见》和省金融办（省地方金融监管局）的要求，具体负责组织对互联网私募股权融资平台试点方案进行评审，评审结果报省金融办备案。

21. 保护投资者合法权益。加强投资者教育和投资者保护制度建设，完善市场规则和风险揭示，增强投资者风险意识，提升投资者风险识别能力。建立投诉纠纷协调解决机制，为投资者提供维权服务，切实保护投资者利益。

22. 切实防范风险。各市、县（市、区）金融办要加强对各试点平台的跟踪监控，督促平台依法依规经营；对互联网私募股权融资平台从事非法集资、非法证券等行为的，要及时会同公安等部门进行查处，切实防范化解风险，维护金融安全和稳定。

山东省金融工作办公室
2015 年 8 月 10 日

《山东省地方金融条例》
（草案征求意见稿）

第一章　总　则

第一条　为了充分发挥金融服务经济社会的作用，促进金融创新发展，维护金融稳定，根据有关法律、行政法规，结合本省实际，制定本条例。

第二条　在本省行政区域内从事小额贷款、融资担保、权益交易、大宗商品非标准化衍生品交易、信用互助、民间融资、典当、融资租赁等地方金融活动和政府组织实施的金融服务、金融监管活动，适用本条例。

法律、行政法规对地方金融活动和监管另有规定的，从其规定。

第三条　地方金融工作应当遵循安全、积极、审慎的原则，以服务实体经济为宗旨，坚持改革创新与风险防范相结合，保持金融健康稳定运行。

地方金融监管应当在国家金融方针政策指引下，加强对地方金融活动的引导、规范、监管，积极配合国家金融监管部门依法履行职责，落实属地监管责任，切实防范化解金融风险。

从事地方金融活动的组织和个人应当依法、自主、诚信经营，其合法权益受法律保护。

第四条　县级以上人民政府应当加强对金融政策，鼓励金融创新，优化发展环境，维护金融稳定。

第五条　县级以上人民政府金融监管机构负责本行政区域内的地方金融工作。

县级以上人民政府发展改革、财政、公安、农业、商务、税务、工商行政管理等部门，应当按照职责分工做好相关工作。

第六条　广播、电视、报纸、网络等媒体应当加强金融法律、法规以及有关知识的宣传，提高金融知识水平和风险防范意识，营造良好的金融发展环境。

第二章　金融服务

第七条　支持、鼓励银行业机构扩大对工业转型升级、新兴产业、服务业以及小型微型企业和农村农业农户的融资规模，推进经济转型升级。

建立小型微型企业贷款风险分担和损失补偿机制，构建覆盖全省的农业信贷担保体系，引导银行业机构加大对小型微型企业和农村农业农户的金融支持。

第八条　支持金融机构、地方金融组织创新金融产品和服务，不断拓宽融资抵（质）押物范围，提升融资服务水平。

县级以上人民政府及有关部门应当为金融机构和地方金融组织开展相关抵（质）押物融资业务提供便利。不动产、动产登记部门应当改进管理服务方式，及时为融资抵（质）押物办理登记手续。

第九条　引导、鼓励本省企业进行规范化公司制改制，建立现代企业制度，到境内外资本市场上市、挂牌，并按照有关规定给予补助。

第十条　鼓励、引导本省企业通过发行公司债、企业债、小微企业增信集合债、超短期融资券、短期融资券、中期票据、集合票据等进行直接债务融资。

设区的市和县（市、区）人民政府可以采取费用补助、设立风险缓释基金等方式，推动债券融资加快发展。

第十一条　县级以上人民政府应当设立政府引导基金，促进股权投资发展，引导带动社会资本进入中型、小型、微型企业和农村产业、新兴制造以及政府鼓励发展的产业领域。

第十二条　鼓励发展创业投资，完善创业投资政策体系、制度体系、融资体系、监管和预警体系，支持国有资本和社会资金进入创业投资领域，不断加大对创业创新企业的融资支持。

第十三条　建立本省区域性股权市场，推进中型、小型、微型企业股权投融资平台和金融综合交易平台建设。

鼓励、支持创新能力强、发展前景好的企业进入区域性股权市场，并通过下列途径进行融资、交易：

（一）挂牌，实现私募股权融资；

（二）股权托管，实现股权质押融资；

（三）展示，促进企业和投融资机构对接；

（四）股权众筹项目发布和交易；

（五）转板到全国中小企业股份转让系统等市场；

（六）开展资产证券化和发行私募债券等。

县级以上人民政府应当支持本地企业到区域性股权市场挂牌融资，并按规定给予补助。

第十四条　支持本省国有企业和社会资本合理运用资产证券化以及期货、期权等金融衍生产品，进行融资和套期保值、规避风险。

第十五条　县级以上人民政府应当采取下列方式发挥保险业服务经济社会的作用：

（一）委托保险机构经办或者直接购买养老、医疗、健康等保险服务，加强监督管理和专业评估，降低公共服务成本；

（二）按规定对农业保险、责任保险、小额贷款保证保险等政策性保险业务给予保费补贴，提高社会保障能力；

（三）推行建立巨灾保险制度，完善保险经济补偿机制，提高灾害救助水平；

（四）支持、引导保险机构创新科技保险、财产保险等保险产品和服务模式，推进科技创新，保持经济稳定。

第十六条　小额贷款公司、民间融资机构应当以非存款资金放贷及投资为主营业务，坚持"小额、分散"原则，重点面向农村农业农户和小型微型企业提供融资服务。

小额贷款公司、民间融资机构涉农和小型、微型企业的贷款或者投资余额、增量达到规定比例的，财政部门应当给予风险补偿或者奖励。

第十七条　融资性担保公司应当创新经营体制机制，坚持安全性、流动性和效益性相统一，积极拓展担保业务总量和品种，有效防范担保经营风险，提高担保服务能力。

建立融资担保风险分担机制，引导融资性担保公司扩大对涉农和小型、微型企业的担保规模。对符合条件的贷款担保业务发生代偿时，由融资性担保公司、风险补偿资金、贷款银行按协商的比例共同承担代偿责任。

第十八条　农民专业合作社开展内部信用互助，应当坚持社员制、封闭性原则，不对外吸储放贷、不支付固定回报，明确准入条件、运营规则和体制机制，加强风险防控，为"三农"提供最直接、最基础的金融服务。

县级以上人民政府应当加强规划引导、教育培训，建立激励机制，以风险补偿、补助、奖励等形式进行扶持引导。

第十九条　权益类交易场所应当制定符合规定的交易规则、会员管理、投资者适当性、登记结算、资金存管等业务规则及管理制度，建立公开、公平、公正和诚实信用的市场环境，为市场参与者提供优质、高效的服务，促进生产要素合理流动和资源优化配置。

省人民政府及有关部门应当统筹规划权益类交易场所的数量规模和区域分布，积极推进产权、债权、林权、矿权、碳排放权、知识产权、金融资产、文化艺术品等权益的交易、流转，为融资抵（质）押担保创造条件，促进相关产业发展。

第二十条　介于现货与期货之间的大宗商品交易市场应当以实物交割为目的，建立交易、交收、结算等规则和客户交易资金存管、交易商适当性管理、风险防控等制度，不断完善交易、避险和定价等功能，为生产者和消费者提供现代化的采购和配售服务。

县级以上人民政府及有关部门应当结合产业优势和资源禀赋，合理发展介于现货与期货之间的大宗商品交易市场，加强规范引导、政策扶持和风险管控，确保市场依法运行、规范发展。

第二十一条　互联网金融应当以鼓励创新、规范运行、保证安全为原则，促进互联网与金融深度融合，更好地实现资金融通、支付、投资和信息中介等功能，努力满足中型小型微型企业和个人投融资需求，进一步拓展普惠金融的广度和深度。

积极鼓励互联网金融平台、产品和服务创新，支持金融机构开拓互联网金融业务，规范发展第三方支付、网络借贷、股权众筹、私募股权等新兴业态，并依法依规加强监管，有效管控风险，推动互联网金融有序健康发展。

第三章　金融业发展

第二十二条　省、设区的市人民政府金融监管机构应当编制本行政区域金融业发展规划，征求财政、人力资源和社会保障、国土资源、城乡规划等部门意见后，报本级人民政府批准实施。

第二十三条　省、设区的市人民政府应当设立金融业发展引导资金，用于支持金融创新、金融人才引进培养、金融机构和地方金融组织培育发展、金融环境建设等。

第二十四条　省人民政府应当促进区域金融集聚发展，综合考虑区位、产业、资源等情况，支持区域性金融中心、财富管理中心等金融集聚区建设，增强金融资源集聚和辐射能力。

金融集聚区所在地人民政府应当完善工作机制，加强政策扶持，做好机构培育、市场建设、政策创新、环境营造等工作，对金融集聚区建设用地做出规划安排。

第二十五条　省人民政府应当制定措施，依托对外经济合作基础和区位优势，加强与国际金融组织的合作与交流，支持企业在国际资本市场直接融资，推进金融合作示范区和金融服务产业园区规划建设。

第二十六条　县级以上人民政府应当制定措施，优化营商环境，加大金融机构引进力度，培育发展地方法人金融机构，完善金融组织体系。

在本省行政区域内设立地方法人金融机构，或者设立国内外金融机构区域总部、分支机构的，由当地人民政府按规定给予奖励，并在土地、营业场所、人才安置等方面给予支持。

第二十七条　鼓励国有资本和社会资本入股地方法人金融机构。

国有控股的地方法人金融机构应当建立符合金融企业发展要求的考核激励、高级管理人员选任和风险防范等机制，完善现代企业制度。

第二十八条　县级以上人民政府应当制定措施，加强对民间融资、权益交易、信用互助等金融活动的引导和规范，鼓励民间资本发起设立或者参股地方金融组织，推动地方金融组织健康发展。

鼓励、支持国有资本发起设立或者参股融资性担保公司，并适时扩大或者补充资本金，带动社会资本投入，增强对实体经济融资增信能力。

第二十九条　县级以上人民政府及有关部门应当通过引进、培育、整合等方式，加快发展信用评级、资产评估、保险代理、融资仓储和会计、审计、法律等金融中介服务组织，推广建立金融服务中心、金融超市，推动金融中介服务规模化、集约化发展，构建高效便捷的专业化金融中介服务体系。

第三十条　县级以上人民政府应当鼓励金融机构和地方金融组织进行产品、技术、服务、管理、组织形式等方面的创新，完善金融创新激励机制，加强金融创新成果保护，并可给予必要的风险补偿。

省人民政府应当完善金融创新奖评选机制，鼓励金融机构和地方金融组织开展金融创新。

第三十一条　县级以上人民政府应当组织金融监管机构和财政、人力资源和社会保障等部门，建立金融人才队伍建设长效机制，制定金融人才培养引进计划和奖励政策，按规定对符合条件的金融人才给予奖励，并在落户、居住、子女教育、医疗、出入境等方面提供便利。

第三十二条　省人民政府金融监管机构应当会同有关部门，组织建立地方金融组织信息综合服务平台，开展地方金融组织、相关企业和个人信用信息采集、整理、保存、加工和公布等工作。

地方金融组织信息综合服务平台应当推动与国家金融信用信息数据库相衔接，实现信用信息共享。

第三十三条　地方金融组织可以根据发展特点和要求，建立行业自律组织。

行业自律组织应当积极组织实施行业规范和标准，加强对从业人员的引导、约束，及时发布行业信息，依法维护会员的合法权益。

第四章　金融监管

第三十四条　县级以上人民政府应当建立健全地方金融监管体制，落实金融监管职责，加强金融监管能力建设，防范化解金融风险，维护金融稳定。

县级以上人民政府金融监管机构应当按照审慎监管的要求，做好对本行政区域内地方金融组织的日常监管和风险处置。

第三十五条　在本省行政区域内从事下列经营活动的地方金融组织，应当按照规定向地方金融监管机构提出申请，取得相关业务许可：

（一）利用非社会公众存款性质资金，向客户发放贷款，或开展股权投资、债权投资的；

（二）经营融资担保业务的；

（三）面向社会公众，以信息中介或信息平台方式，提供资金供需信息，或者提供相关资金融通配套服务的；

（四）在农民专业合作社内部开展信用互助的；

（五）从事权益类品种交易的；

（六）从事金融不良资产批量转让业务的；

（七）从事大宗商品非标准化衍生品交易的。

法律、行政法规以及国家金融监管部门另有规定的，从其规定。

第三十六条　地方金融组织应当按照审慎经营规则的要求，严格落实风险管理、内部控制、资产质量、准备金、风险集中、关联交易、资产流动性等业务规则和管理制度。

地方金融组织和其他单位、个人不得非法吸收或者变相吸收公众资金，不得违法发放贷款。

第三十七条　地方金融组织应当按照规定要求，向所在地县级以上人民政府金融监管机构报送业务情况、财务会计报告和合并、分立、控股权变更以及可能引发金融风险的其他重大事项。报送内容应当真实、准确、完整。

金融监管机构应当建立地方金融组织统计分析制度，定期收集、整理和分析地方金融组织统计数据，对金融风险状况进行评价，提出相应监管措施。

第三十八条　县级以上人民政府金融监管机构应当对地方金融组织的业务活动及其风险状况进行监管，并可根据工作需要实施现场检查。

实施现场检查时，可以采取下列措施：

（一）进入地方金融组织进行检查；

（二）询问地方金融组织的工作人员，要求其对有关检查事项作出说明；

（三）查阅、复制与检查事项有关的文件、资料，对可能被转移、隐匿或损毁的文件、资料、电子设备予以封存；

（四）检查地方金融组织计算机业务系统，复制有关数据和资料。

实施现场检查时，检查人员不得少于2人，并向地方金融组织出示检查通知书和相关证件。

地方金融组织应当配合金融监管机构进行监管检查，不得拒绝、阻碍。

第三十九条　地方金融组织存在重大违规行为，可能出现或者已经出现金融风险时，县级以上人民政府金融监管机构可以对地方金融组织的董事、监事、高级管理人员等进行约谈和风险提示，要求其就业务活动和风险管理的重大事项作出说明；必要时，可以要求其进行整改。

第四十条　可能引发或者已经形成重大金融风险，严重影响金融秩序和金融稳定的，县级以上人民政府金融监管机构应当对相关地方金融组织进行重点监控，向利益相关人进行风险提示；必要时，可以责令暂停或停止业务、进行接管。

地方金融组织属于国有或者国有控股的，有管辖权的人民政府可以对其董事、监事、高级管理人员等进行调整，或者限制其投资和其他资金运用；必要时，可以对其进行重组。

第四十一条　县级以上人民政府金融监管机构与公安、经济和信息化、商务、工商行政管理、国有资产管理等部门，应当建立金融信息共享、风险处置、业务发展、消费者与投资者权益保护等方面的协作机制。

第四十二条　县级以上人民政府金融监管机构应当建立与所在地国家金融监管部门派出机构的信息沟通和金融风险防范、化解工作机制，加强信息交流和工作协调配合，提高金融风险防范与处置能力。

可能出现或者已经出现金融风险时，金融监管机构可以对地方法人金融机构、上市公司进行监督、调查。

第四十三条　县级以上人民政府应当建立打击处置非法集资和防范化解金融风险工作机制，加强组织建设和能力建设，落实属地管理责任。

国家金融监管部门派出机构应当加强对金融机构的监督管理，对易发生金融风险的领域和可疑金交易、违规经营等行为进行监测分析与风险管理，及时提出预警信息和有效防范措施。

第四十四条　县级以上人民政府应当制定地方金融突发事件应急预案，明确工作职责、组织指挥体系、事件分级、启动机制、应急处置与保障措施等内容。

发生地方金融突发事件时，应当立即启动应急预案，采取应急处置措施，及时化解金融风险。

第五章　法律责任

第四十五条　违反本条例规定的行为，法律、行政法规已规定法律责任的，从其规定；法律、行政法规未规定法律责任的，依照本条例规定执行。

第四十六条　违反本条例规定，地方金融组织或其他组织、个人不具备条件开展相关金融业务的，由县级以上人民政府金融监管机构责令改正，没收违法所得，并处违法所得一倍以上三倍以下的罚款；情节严重的，处违法所得三倍以上五倍以下的罚款；构成犯罪的，依法追究刑事责任。

第四十七条　违反本条例规定，地方金融组织不按照审慎经营规则的要求，落实风险管理、内部控制、关联交易等业务规则和管理制度的，由县级以上人民政府金融监管机构责令限期改正；逾期不改正的，处五万元以上十万元以下罚款；造成重大金融风险的，处十万元以上五十万元以下罚款；构成犯罪的，依法追究刑事责任。

第四十八条　违反本条例规定，地方金融组织不按规定报送相关信息或者不按要求就重大事项作出说明的，由县级以上人民政府金融监管机构责令限期改正；逾期不改正的，处一万元以上三万元以下的罚款；提供虚假信息或者隐瞒重要事实的，处三万元以上五万元以下的罚款；构成犯罪的，依法追究刑事责任。

第四十九条　违反本条例规定，地方金融组织拒绝、阻碍现场检查或者不按要求进行整改的，由县级以上人民政府金融监管机构责令改正，并处五万元以上十万元以下的罚款；情节严重的，处十万元以上二十万元以下的罚款；构成犯罪的，依法追究刑事责任。

第五十条　违反本条例规定，地方金融组织拒绝执行暂停业务、接管、人员调整、限制资金运用、重组等监管措施的，由县级以上人民政府金融监管机构责令改正，处十万元以上二十万元以下的罚款；情节严重的，处二十万元以上五十万元以下的罚款，并可以责令停业整顿；有违法所得的，没收违法所得；构成犯罪的，依法追究刑事责任。

第五十一条　违反本条例规定，地方金融组织和其他单位、个人非法吸收或者变相吸收公众资金，或者违法发放贷款的，由国家金融监管部门依法予以查处、取缔；构成犯罪的，依法追究刑事责任。

第五十二条　违反本条例规定，县级以上人民政府及其有关部门、金融监管机构有下列行为之一的，对直接负责的主管人员和其他直接责任人员依法给予处分；构成犯罪的，依法追究刑事责任：

（一）未按规定实施金融服务措施的；

（二）未按规定制定实施金融发展规划或者鼓励、扶持金融业发展措施的；

（三）未按规定采取金融监管措施的；

（四）对违法行为不依法进行查处的；

（五）其他滥用职权、玩忽职守、徇私舞弊的行为。

第六章　附　则

第五十三条　本条例下列用语的含义：

（一）地方金融组织，是指在本省行政区域内设立的小额贷款公司、融资性担保公司、民间融资机构、典当行、融资租赁企业、商业保理公司、地方金融资产管理公司、开展信用互助的农民专业合作社、权益类交易场所、介于现货与期货之间的大宗商品交易市场等具有金融属性的机构和场所。

小额贷款公司：是指由自然人、企业法人与其他社会组织投资设立，不吸收公众存款，经营小额贷款业务的有限责任公司或股份有限公司。

融资性担保公司：是指依法设立，经营融资性担保业务的有限责任公司和股份有限公司。融资性担保是指担保人与银行业金融机构等债权人约定，当被担保人不履行对债权人负有的融资性债务时，由担保人依法承担合同约定的担保责任的行为。

民间融资机构：分为民间资本管理机构和民间融资登记服务机构两类。民间资本管理机构，是指由符合条件的自然人、企业法人和其他经济组织发起，经批准在一定区域内设立，针对当地实体经济项目开展股权投资、债券投资、资本投资咨询、短期财务性投资及受托资产管理等业务的公司或合伙企业。民间融资登记服务机构，是指经批准在一定区域内设立，为当地民间借贷双方已发提供资金供需信息发布、中介、登记等综合性服务交易平台的公司或民办非企业单位。

典当行：是指依法设立的专门从事典当活动的企业法人。典当，是指当户将其动产、财产权利作为当物质押或者将其房地产作为当物抵押给典当行，交付一定比例费用，取得当金，并在约定期限内支付当金利息、偿还当金、赎回当物的行为。

融资租赁企业：是指根据商务部有关规定从事融资租赁业务的企业。融资租赁业务，是指出租人根据承租人对出卖人、租赁物的选择，向出卖人购买租赁物，提供给承租人使用，承租人支付租金的交易活动。

商业保理公司：是指根据商务部有关规定从事商业保理业务的公司。商业保理，是指供应商将基于其与采购商订立的货物销售、服务合同所产生的应收账款转让给保理商，由保理商为其提供应收账款融资、应收账款管理及催收、信用风险管理等综合金融服务的贸易融资工具。

地方金融资产管理公司：是指省、自治区、直辖市人民政府依法设立或授权的，从事辖区范围内不良资产的批量转让等业务的资产管理或经营公司。

开展信用互助的农民专业合作社：是指经依法取得试点资格，在符合条件的合作社内部，开展以服务合作社生产流通为目的，由本社社员相互之间进行互助性信用合作行为的农民专业合作社。

权益类交易场所：是指依法设立的，从事产权、股权、债券、林权、矿权、碳排放权、排污权、知识产权、文化艺术品权益、金融资产权益等交易的机构。

介于现货与期货之间的大宗商品交易市场：是指在山东省依法设立，从事大宗商品实物、仓单以及非标准化的场外衍生品交易，为生产者和消费者提供现代化的采购与配售服务的交易市场。

（二）地方法人金融机构，是指由国家金融监管部门批准设立、注册地在本省行政区域内的法人金融机构，包括农村信用社、农村合作银行、农村商业银行、城市商业银行、村镇银行、民营银行、信托公司、财务公司、消费金融公司、金融租赁公司、证券公司、期货公司、基金管理公司、保险公司等。

第五十四条　本条例自××××年××月××日起施行。

山东省金融工作办公室

山东省人民政府法制办公室

2015 年 10 月 10 日

参考文献

［1］谢平，邹传伟，刘海二．互联网金融手册［M］．人民出版社，2014，4.

［2］涂子沛．大数据［M］．广西师范大学出版社，2012，7.

［3］涂子沛．数据之巅［M］．中信出版社，2014，5.

［4］［美］克里斯·安德森．长尾理论［M］．中信出版社，2012，9.

［5］［美］克里斯·安德森．免费［M］．中信出版社，2012，10.

［6］姚文平．互联网金融［M］．中信出版社，2014，2.

［7］中欧国际商学院"供应链金融"课题组．供应链金融新经济下的金融［M］．上海远东出版社，2009，1.

［8］赵大伟．互联网思维独孤九剑［M］．机械工业出版社，2014，4.

［9］张波．O2O 移动互联网时代的商业革命［M］．机械工业出版社，2014，4.

［10］［美］杰伦·拉尼尔．互联网冲击［M］．中信出版社，2014，5.

［11］李钧，龚明，毛世行，高航．数字货币——比特币数据报告与操作指南［M］．电子工业出版社，2014，4.

［12］［美］维克托·迈尔－舍恩伯格，肯尼思．大数据时代［M］．浙江人民出版社，2013，1.

［13］张劲松．互联网金融经营管理之道［M］．机械工业出版社，2014，7.

［14］梁循．互联网金融信息智能挖掘基础［M］．北京大学出版社，2009，7.

［15］［美］Peter Reton. Lending club 简史［M］．中国经济出版社，2013，7.

［16］陈威如，余卓轩．平台战略——正在席卷全球的商业模式革命［M］．中信出版社，2013，1.

［17］［美］马丁·C. 利比基．兰德报告：美国如何打赢网络战争［M］．东方出版社，2013，8.

［18］赵伟．大数据在中国［M］．江苏文艺出版社，2014，6.

［19］陈光锋．互联网思维：商业颠覆与重构［M］．机械工业出版社，2014，3.

［20］［美］卡尼曼．思考，快与慢［M］．中信出版社，2012，7.

［21］李海峰．网络融资：互联网经济下的新金融［M］．中国金融出版社，2013，7.

［22］中信证券研究部．移动互联决胜O2O［M］．中信出版社，2014，5.

［23］吴成丕．金融革命：财富管理的互联网竞争［M］．中国宇航出版社，2013，8.

［24］罗明雄，唐颖，刘勇．互联网金融［M］．中国财政经济出版社，2013，10.

［25］盛佳，柯斌，杨情．众筹：传统融资模式颠覆与创新［M］．机械工业出版社，2014，8.

［26］［美］伊森，哈里奥特．大数据分析：用互联网思维创造惊人价值［M］．人民邮电出版社，2014，7.

［27］胡晓军．中国金融新生态：全面解析互联网金融［M］．人民邮电出版社，2014，5.

［28］［英］大卫·琼斯．赢在互联网思维：写给下一个十年的企业家领袖们［M］．人民邮电出版社，2014，5．

［29］阎庆民，李建华．中国影子银行监管研究［M］．中国人民大学出版社，2014，4．

［30］［美］罗伯特·B. 西奥迪尼．影响力［M］．人民出版社，2011，7．

［31］艾瑞学院．商变：传统企业电商就该这样做［M］．机械工业出版社，2014，4．

［32］［美］纳特·西尔弗．信号与噪声［M］．中信出版社，2013，8．

［33］［德］森德勒．工业4.0［M］．机械工业出版社，2014，7．

［34］北京市互联网信息办公室．互联网信息安全与监管技术研究［M］．中国社会科学出版社，2014，4．

［35］北京互联网信息办公室编．互联网接入服务现状及管理对策研究［M］．中国社会科学出版社，2014，4．

［36］北京互联网信息办公室．国内外互联网立法研究［M］．中国社会科学出版社，2014，4．

［37］［美］艾·里斯，劳拉·里斯．互联网商规11条［M］．机械工业出版社，2013，10．

［38］黄震，邓建鹏．互联网金融法律与风险控制［M］．机械工业出版社，2013，10．

［39］芮晓武，刘烈宏．中国互联网金融发展报告［M］．社会科学文献出版社，2014，1．

［40］马梅，朱晓明，周黄金，季家友，陈宇．支付革命：互联网时代的第三方支付［M］．中信出版社，2014，2．

［41］零壹财经，零壹数据．中国P2P借贷服务行业白皮书（2014）［M］．中国经济出版社，2014，6．

［42］第一财经新金融研究中心．中国P2P借贷服务行业白皮书（2013）［M］．中国经济出版社，2013，7．

［43］零壹财经，零壹数据．众筹服务行业白皮书（2014）［M］．中国经济出版社，2014，3．

［44］张瑾．互联网金融发展及其对传统金融模式的影响探讨［J］．金融发展评论，2014（4）．

［45］李东卫．互联网金融的国际经验、风险分析及监管［J］．吉林金融研究，2014（4）．

［46］谢平，邹传伟．互联网金融模式研究［J］．金融研究，2012（12）．

［47］钱金叶，杨飞．中国P2P网络借贷的发展现状及前景［J］．金融论坛，2012（1）．

［48］张紫．第33次中国互联网络发展状况统计报告［J］．计算机与网络，2014（2）．

［49］肖湘女．众筹模式：小微文创企业现融资新渠道［N］．北京商报，2013－08－23．

［50］彭涵祺，龙薇．互联网金融模式创新研究——以新兴网络金融公司为例［J］．湖南社会科学，2014（1）．

［51］王子威．2014年互联网金融模式现状专题研究报告［R］．投中研究院，2014，5．

［52］零壹财经研究院．百变互联网理财.P2P网贷理财篇：互联网金融理财类产品体验报告［R］．东方出版社，2015，6．

［53］零壹财经研究院．百变互联网理财．更多网络理财篇：互联网金融理财类产品体验报告［R］．东方出版社，2015，6．

［54］万联供应链金融研究院．中国供应链金融白皮书（2016）［M］．2016，3．

［55］大众理财顾问杂志社．P2P借贷的逻辑［M］．机械工业出版社，2016，1．

［56］BR互联网金融研究院．互联网金融报告2016［R］．中国经济出版社，2016，3．

［57］杨燕青，肖顺喜．中国金融风险与稳定报告（2016）——改革与风险的平衡［R］．中国金融出版社，2016，3．

［58］黄国平，伍旭川．中国网络信贷行业发展报告：P2P 网贷平台风险评级与分析 2014—2015［R］．中国社会科学出版社，2015，4．

［59］济南大学金融研究院，山东省宏观金融研究院．山东省互联网金融发展报告（2015）［R］．中国金融出版社，2015，10．

［60］济南大学金融研究院．山东省上市公司市值管理评价报告（2015）［R］．中国金融出版社，2015，7．

抓住互联网金融的发展机遇

（代后记）

2015 年 12 月，国务院出台了《推进普惠金融发展规划（2016—2020 年）》，提出："积极鼓励网络支付机构服务电子商务发展，为社会提供小额、快捷、便民支付服务，提升支付效率。发挥网络借贷平台融资便捷、对象广泛的特点，引导其缓解小微企业、农户和各类低收入人群的融资难问题。发挥股权众筹融资平台对大众创业、万众创新的支持作用。发挥网络金融产品销售平台门槛低、变现快的特点，满足各消费群体多层次的投资理财需求。"这意味着，"十三五"期间中国的互联网金融将迎来重要的历史发展机遇。党中央提出供给侧结构性改革后，整个互联网金融行业的从业人员和研究人员必须认真思考的问题是，作为新型金融业态，互联网金融能为供给侧改革做些什么？这既是一个涉及金融创新的重大理论问题，也是金融改革必须面对的现实问题。

其实，互联网金融本身就是供给侧结构性改革的重要内容。互联网金融之所以能在中国出现并快速发展，主要原因就是传统的金融机构仍然在服务传统的产业和大企业，对于我国随着个人财富积累和大众创业万众创新而出现的越来越多的小微企业金融和居民投资理财需求却无法满足。按照国外学者的理论，这部分金融消费需求属于金融市场的"长尾"部分，一些传统金融机构虽然有所反应，但在总体上，传统的金融服务还是无法覆盖和满足市场上的"长尾"需求部分，这部分需求只能通过新的金融业态来满足，特别是用互联网金融的方式来提供服务的供给。

正是由于传统金融架构没有满足供给侧金融需求，没有匹配金融市场的"长尾"部分，所以才导致 P2P 网络借贷、股权众筹以及供应链金融等互联网金融模式的出现。由于强烈的需求激发供给增长太快，导致互联网金融膨胀式、爆炸式的发展。P2P 网络贷款平台数量在过去短短几年的时间里增长到近 4000 家，尽管 2015 年以来出现了像昆明泛亚、"e 租宝"、快鹿集团和中晋资产等大量问题平台，现在运行的 P2P 网络借贷平台仍有 2000 多家。这些数据充分说明小微金融市场需求十分巨大而且非常旺盛。

2016 年 1 月，郭树清省长在《政府工作报告》中提出："大力发展私募市场和股权投资基金，审慎探索股权众筹、第三方支付等互联网金融，发挥好齐鲁和蓝海两个股交中心平台作用。"对于山东省来说，抓住机遇加快发展互联网金融意义格外重大。由于经济结构不合理，山东省第三产业占 GDP 比重长期低于全国平均水平，其中，金融业增加值占 GDP 的比重也低于全国平均水平，尤其是与其他东部省市相比，差距更大。在这种情况下，加快发展互联网金融可以产生一举两得的双重功效：既可实现对传统产业的改造升级、优化经济结构，又可以增加金融业增加值，最终提高金融业增加值占 GDP 比重。

供给侧结构性改革的重点就是去产能、去库存，改变过去大规模的工业化高污染、高耗材、高耗能的状态，把机器化大生产变成精准化、个性化、定制化的生产，满足日益增长的高品质的需求。从以往大规模生产转变为定制化、个性化的生产，必须要有一个精准的数据服务和互联网金融。第三方支付业务的发展是一个典型案例。现在的第三方支付与以往的传统支付最大的不同就是，传统支付只是货币实现了转移，现在的第三方支付是在货币转移之外产生了大量可以沉淀和挖掘的支付数据。在互联网上完成的第三方支付，最大的价值在于交易完成后，通过对交易数据进一步挖掘所得到的新的价值。通过对交易数据的挖掘，能够为更多供给端商家提供精准营销的决策依据。不难理解，有了这样的金融服务之后，帮助生产者进行有效的供给，优质的服务就会匹配到更广泛的需求上来。所以互联网金融在提高供给侧服务质量和提高精准营销等方面可以发挥非常重要的作用。

2015 年，《山东省互联网金融发展报告（2015）》的出版引起社会各界的普遍关注。山东省金融工作办公室李永健主任、刘晓副主任对报告给予了充分肯定和大力支持，李永健主任对 2016 年报告的编写与出版十分关心，并为报告作序。中国人民银行济南分行调查统计处彭江波处长、金融研究处李涵副调研员、山东省金融工作办公室银行一处胡成利处长、金融稳定处张新荣处长向课题组提供了很有价值的统计数据，对报告的编写帮助很大。山东省内一些市县金融办的同志，尤其是很多从事互联网金融和民间金融的机构负责人邀请我做互联网金融的报告并对报告的编写提出意见和建议。齐鲁财富网董事长张衍森、副总经理徐奕和营销总监张译，山东泰山联盟文化传媒有限公司董事长董春亮为报告提供了部分省内互联网金融机构的情况介绍。对上述机构、领导和专家学者所提供的支持和帮助，报告编写组全体成员表示衷心感谢。

与《山东省互联网金融发展报告（2015）》相比，在 2016 年报告的第 5 章中，我们增加了对全省 250 多家 P2P 问题平台的综合分析，我们相信，不论是对于地方政府还是地方金融监管部门，这一部分都是十分重要的。报告共分 5 章，主要执笔人为孙国茂、杨杨、安强身、张文强、孙婷婷和袁青萍。其中，第 1 章、第 2 章由孙国茂、杨杨和张文强撰写；第 3 章由孙国茂、安强身和孙婷婷撰写；第 4 章由孙国茂、杨杨和张文强撰写；第 5 章由孙国茂、张文强、孙婷婷和袁青萍撰写；报告附录部分由张文强、孙婷婷和袁青萍整理。整个报告由孙国茂统撰定稿。

从篇幅上，2016 年的报告增加了很多内容，这是社会各界专家学者支持和帮助的结果，我们希望报告的连续出版将对山东互联网金融的发展有所裨益，同时也期待国内互联网金融界的朋友对报告提出更多的批评和建议，帮助我们不断改进、不断提高。

孙国茂
2016 年 7 月于山东烟台